陈 凛 著

失乐之桃

The forbidden peach

Billson International Ltd.

Published by
Billson International Ltd
27 Old Gloucester Street
London
WC1N 3AX
Tel:(852)95619525

Website:www.billson.cn
E-mail address:cs@billson.cn

First published 2025

Produced by Billson International Ltd
CDPF/01

ISBN 978-1-80377-148-9

Hebei Zhongban Culture Development Co.,Ltd
Wanda Office Building B, 215 Jianhua South Street, Yuhua District, Shijiazhuang City, Hebei province, 2207

目录

第一章　夕辉壁影 \ 001
第二章　巫山云雨 \ 042
第三章　逃离爱狱 \ 126
第四章　梦幻泡影 \ 169

第一章　夕辉壁影

“暮色从未如此瑰丽。天边夕阳宛如凝结的巨大血块，缓慢而沉重地朝远方山峦堕去。庄园广阔的玫瑰花田仿佛失了火，夭灼热烈地熊熊燃烧起来。火势连成一片，猩红血浪翻涌成夏。耀眼的金色阳光刺入她眼中，混杂着辛辣芳香的热风拂过她花纹繁复的蕾丝裙摆，掀起层层叠叠的涟漪。

昔日开得繁盛几近衰颓的玫瑰，如今竟被夕阳光辉烧成了乱葬岗。这热艳的火光仿佛映照出末日来临的盛大景象。于旁人而言司空见惯的景色，对楚楚来说却如梦幻泡影般神秘易逝。每当她在香诺看到这样艳丽诡谲却又带着一丝荒凉苍莽的景色时，总是没来由地感到一阵迷醉的晕眩。好像这并非真实之景，而只不过是一幅画，或一帧虚晃的投影。

每当这种感觉如雾气升腾起来时，她便感到难以言喻的痛苦。发病症状有点类似低血糖的表现，好像灵魂要被抽离出躯壳。就在她嘴唇泛白，手指发冷的时候，他不知何时出现在她身后，轻轻将她揽入怀中。他如同她的镇静剂，他纤长的手指抚摸过她光滑的脸颊和赤裸的手臂，她立马从焦躁不安变得温顺可人起来。只见她闭上双眸，睫毛仿佛蝴蝶双翅微微颤动。她微醺一般陶醉在他怀抱的芳馨之中，好似安稳地沉入梦乡。连那梦魇一般的玫瑰光焰，此刻也散发出柔和的光影舔舐她的脸颊。

这一切都是他的功劳。

于是，她在心里告诉自己，哪怕香诺只是一滴泪珠，她也愿意沉沦在他的怀中，伴随这颗孤单荒凉的星球一起慢慢融化。”

楚楚写到这里，合上了笔记本电脑。屋内静悄悄的，柚木书桌上，一盏台灯亮着鹅黄色灯光。不知不觉写了五个小时，她竟连晚饭都忘了吃。此刻楚楚只觉得肩膀酸疼、脖颈僵硬，于是她缓缓踱步到窗前，为自己燃上一根香烟。

她倚靠着窗棂，望着窗外街道上绚丽如织的车流，漫不经心地抽烟。烟丝毕剥燃烧，小小火星一明一灭，橘红色火光在夜色中时隐时现地闪烁。吞云吐雾之间，耳旁是清远的车流呼啸，楚楚回味着方才那个故事，思绪万千。在一众读者的催促之下，这个故事已临近尾声，然而她却遭遇了前所未有的写作瓶颈。实际上，从她正式面向社会公布这部连载作品，到现在也不过三年，而外界不知的是，书中故事已在她心里陈酿了许久。

与其说是她创造了这部光怪陆离的文学作品，倒不如说是书中人物借由她落在纸上的笔尖诞生于世。不知从何时起，她心底深处便萌生出一个朦胧的身影。起初，这个人影还很蒙昧，她并不能时时刻刻敏锐地感知到她的存在。然而随着时间流逝，这个身影却越来越清晰，她开始发展出独立的思想、性格，甚至拥有自己的往事与记忆。

她仿佛是借由楚楚的肉身来到这世间的另一个人格。其实这么描述并不准确，楚楚觉得她更像是另一个维度世界的灵魂，只不过迷失在当下的人间，于是只能依托于她而存活。不知她是否知晓自己存在于此世，还是说楚楚“看到”的内心深处的那个“她”，其实是她投射在这个世界的影子，也就是说楚楚“看到”的也不过只是镜像，她本人其实并不真正身处人间。

但无论真相如何，楚楚一直以来都能“看到”她的所有过往，就像一个已经叙述详尽的完整故事，楚楚只需要翻动书页或者用鼠标拖动视频进度条，就能走马观花一般阅览她的人生。然而，这么多年过去，令楚楚困惑的一点是，她无法看到这个人最后的结局，而故事还在继续铺陈延续。这是否说明，她的生命尚未走到尽头？但显而易见的是，她所在的世界，时间流逝的速度和楚楚所在的这个世界，是截然不同的。

楚楚不是没有怀疑过自己患上某种精神疾病，过去的几年间，她为此在多家医院辗转，吃过一些药物，也做过心理治疗，但都无济于事。她并未产生过任何幻觉，也没有人格分裂的征兆，可是内心深处那个“她”，却从未消失过。

去做定期的心理咨询时，咨询师建议楚楚，可以试着将她所承载的那个人的记忆写下来。书写的本质是一种记录，如同原始人类用尖锐石子在岩石上刻下痕迹，而书写的过程则是一种疗愈，一种与自我的和解。将一切想说的、能说的都写尽以后，那些悬于心中耿耿于怀的芥蒂，从此也终于可以尘埃落定。写作，有时候是为了更好地记得，有时候则是为了彻底地遗忘。

楚楚听从了咨询师的建议。于是，在三年前某个暖阳如煦的下午，楚楚去商场挑选了一部时下最新款的笔记本电脑，然后又购买了热乎乎的拿铁咖啡、法式长棍面包、三文鱼寿司、蔬菜沙拉、盒装牛排和一些蓝莓。回到家后，楚楚将自己锁在房间里整整三天，写下了这部长篇连载作品的开头部分。

据楚楚回忆，当时闭关写作她人生中这部处女作时，自己近乎忘却了时间的流逝，也忘却了空间的存在，甚至最后连自身都感觉不到了。静谧的房间里，温暖的光影流淌过书桌，只见楚楚一动不动地伏在桌前，用手指快速地敲击键盘，连水都来不及喝一口。待她回过神来时，暮色业已降临，原本雪白的屏幕上，此刻已落满密密麻麻的黑色方块字。楚楚丝毫不觉饥饿，只吃了一点水果和面包，便又继续沉浸在忘我的写作状态中。

令人始料不及的是，这部小说一经面世，便引起空前的舆论反响。各种各样的评论一时之间如浪潮汹涌来袭，皇冠与荆棘也同时加诸楚楚。换作是心智不坚定的写作者，恐怕早已迷失在喧嚣浮躁的名利场之中。但楚楚只是拿了自己应得的稿费后，便将零散杂事全部推给了文学网站的编辑，继续全身心投入创作。

书评家们赞许这部小说题材新颖，风格诡谲，将诗歌的轻灵曼妙、历史的厚重沧桑、随笔的自由散漫、小说的曲折以及论证的严谨巧妙地融为一体，好似一笔定乾坤，浑然若天成。绝大多数人都被作者天马行空的想象力和华丽烂漫的辞藻所折服，却鲜有人知晓，楚楚不过是在讲述一个事实，用文字的形式描绘另一个真实存在的世界的样貌。

倘若能够绘画或者拍摄电影，楚楚一定不会采用文字这样贫瘠苍白的表达方式，去讲述香诺星球上那位与她同名的女子的一生。

香诺实在太过绚丽，仿佛流光溢彩的水晶球一般令人深深着迷，她能从"楚楚"的眼里看到异世界的缤纷辉煌，以至于每次写作结束，楚楚总感到意犹未尽。但是"楚楚"的记忆是闪烁的，有时候她尚未看清，"楚楚"的目光便如同火焰熄灭。

夜色浸染之下，香烟徐徐燃尽，楚楚回过头，看了一眼墙上悬挂的圆形时钟，时针即将指向晚上十一点。演出差不多应该结束，是时候出发去接辛朗，刚好也和他一起参加聚餐，蹭一顿夜宵吃。

此时正是隆冬季节，寒夜冻人，楚楚穿上宽松肥大的羽绒服，裹上羊毛围巾，随意拎上帆布包便出了门。将车开出地下车库，待汽车平稳地行驶在马路上后，楚楚打开车载蓝牙，将音量调到最大。

坂本龙一的专辑。钢琴声仿佛雨滴落下。

夜色清寒却也温柔。比起寒风凛冽的北方，南方城市的冬天更给予人一种沁入骨髓的潮湿与阴冷，百转又千折，缱绻而残酷。记得去年辛朗初到南方时，天空下起纷飞细碎的冷雨，楚楚依旧开车去机场接他。那天他穿着一件黑白相间的短款羽绒服，内搭一件米白色高领毛衣，裹着灰色羊毛围巾，提着行李箱从出口走出来。冷风袭来，他高大的身影也不禁在雨雾中微微瑟缩。

辛朗一进车，便说不喜欢南方的冬天，因为连日见不到太阳，也没有暖气。但是他也不喜欢南方的夏天，原因是太过潮湿炎热。

“我喜欢清爽的天气和人。”辛朗说道。

“那我像是什么样的天气?”楚楚问道。

辛朗鼻子里哼了一声，说道：“你是狂风暴雨。”

楚楚还记得辛朗说这话时，一只胳膊肘撑着车窗边缘，头和身体都微微倾斜向车门一侧。窗外变幻的光影流淌在他脸上，勾勒出深邃的阴影。他整个人看上去懒洋洋的，用漫不经心的口气说着话，很快便因为旅途困顿而沉沉睡去。

楚楚在开车间隙瞥了他一眼，发现他睡觉时嘴角微微向下耷拉着，两片单薄的嘴唇微微翕合，时不时紧抿唇角，即使睡着也因为车身时不时的停顿和轻微颠簸而皱起眉头，嘟囔着将身体转向另一侧，像小兽一样警惕而敏感，并且对靠近他的人类抱有一种天然的冷漠与敌意。

那一刻，楚楚忍不住伸出手，欲抚摸他的脸颊，却又因绿灯亮起而作罢。

她觉得他可爱极了。

其实这种感觉，是错误的吧。她对他的爱，没有恨，但却是一场错误。只是，她明明知晓，还将错就错。

大约二十分钟后，楚楚抵达白夜戏剧酒吧。今夜，这里有一场名为“时烬”的演出，按字面意思理解就是时间燃烧后余留的灰烬，也有“时间尽头”这一含义。这是一场音乐戏剧，中场休息期间会穿插一些乐队和歌手的表演，其中包括辛朗的独唱曲目。楚楚虽然未观看现场演出，但也观摩过彩排。确实是很不错的演出。她也知道辛朗为此准备了许久。

楚楚下车走向酒吧。只见不少衣着时髦的男女挽着手，从门口涌出来。想必演出刚结束不久。化着精致妆容的女子站在酒吧雕塑和墙壁前自拍。有身穿酒红色大衣、染金发的男子倚靠在墙根抽烟。也有女学生群聚在一起，商量着如何拼车回家。

各色各样的人。楚楚穿过人潮，走进酒吧。一条幽深曲折的长廊通向酒吧深处的大堂。能听到内里传来音乐和浪潮般涌动的嘈杂人声。空气中有浓重的烟草、酒精和香水气息。

酒吧大堂中央，是一方铺着猩红色地毯的舞台。刺眼的聚光灯照耀下，黑暗中的楚楚一眼便望见站在舞台上的辛朗，他正在和观众以及工作人员合影留念。于是楚楚没有上前去打扰他，只是挑了台下一处不显眼的沙发坐下，为自己点燃了一支烟。

铺着细亚麻布的桌上，有酒杯倾倒，残留的香槟酒渍浸湿了桌布。楚楚索性将烟灰抖落在那块湿润的污渍上。

"像是泪水斑痕……"楚楚盯着模糊光线下那一大块不规则痕迹，在心里默默念道。

辛朗没有注意到楚楚的到来，他看上去像是完全沉浸在演出的余温中，兴奋而喜悦。楚楚看到他眼里的光，宛若黑暗中的太阳一般灼灼逼人。他在她身边时，从来不曾焕发出这样耀眼夺目的光。

他平时总是病恹恹的，一副懒散倦怠的样子。但一站上舞台就仿若脱胎换骨，整个人挺拔如松，神采奕奕，一瞬间容光焕发起来。但无论怎样，尽管有着一眼望去令人惊艳沉沦的美貌，他依旧无法在聚光灯的渲染之下涤荡清除萦绕在自己身上的那股阴郁气质。

楚楚安静地抽着烟，不动声色地观察辛朗。直到乐手们纷纷收拾好乐器和随身行李，观众也都渐渐离场，舞台上最终只剩下辛朗一人时，楚楚才看到辛朗仿佛长长舒了口气，眼神中流露出沉重的疲惫和倦怠来。他独自一人站在舞台上，望着这人潮退去的黑暗空间，像是沉入深海的鲸鱼一般，身影落寞。

之前眼神中热烈的光逐渐散尽，取而代之的，是一种漂泊人世间的清冷和疏离。

辛朗走下台阶，穿过舞台前方的圆桌时，才注意到坐在沙发座椅上的楚楚。

他微微有些惊讶，问道："你什么时候过来的？"

楚楚掐灭烟蒂，仰着脸看向他，笑着说："才到不久。"

辛朗漫不经心地点点头，说道："那你得再等我一会，演出主办方的工作人员会请我们一起聚餐。"

"好。"楚楚答应道。

然后，辛朗走到楚楚对面的沙发座椅坐下，从上衣口袋里掏出手机，低着头自顾自地玩起游戏来，丝毫不理会楚楚。黑暗中，两人沉默地对坐，一个无知无觉，一个暗怀心事。

楚楚知道辛朗讨厌女性抽烟，他认为那是不太雅致的举止，所以陪同他外出的时候，她尽量克制自己的烟瘾。同时，她也没有频繁使用电子产品的习惯，随身携带的老旧式样的手机，也仅仅用于日常联系。因此，一时之间，她竟然感到无所适从，甚至不知手脚往哪儿放。再加上辛朗坐在她对面，她的眼里便也容不下其他人和事了。

在这隐隐的喧嚣之中，凝望着近在咫尺的爱人，楚楚忽然感到无法言说的孤独与无奈，以及一种自心底慢慢往外渗透的清明之感，这种感觉就像是融化的雪水，凛冽的寒冷交织透明的痛楚，逐渐将身心吞没。

他自然没有看到她的黯然失色，他仿佛疲倦得连眼皮都懒得抬一下。他机械地操作游戏界面，很快也失去乐趣，变得不安与烦躁起来。

"别咬嘴唇。"楚楚提醒他。

辛朗不耐烦地舒了口气，乖乖停下，可没过一会儿，又开始咬起大拇指的指甲来。楚楚不再干涉他孩子气的行为，只是静默地看他，犹如看一只无处发泄愤怒和失意的小兽。

她知道他为何苦恼，她是非常了解他的，尽管她无法表达自己对他的理解有多全面和深刻。有时候，感同身受与深沉的爱意一样令人感受到沉重和窒息，所以她不敢轻易对他展现自己极强的共情能力。

他知道自己从舞台走下的那一刻，又将回到她身边，回到如凉白开一样毫无滋味可言的平淡生活。他为此沮丧，但他连挣扎的力气都已丧失殆尽。与其说他自甘为囚，倒不如说命运就是别无选择。

不知过了多久，两个挂着工作牌的年轻人有说有笑地朝辛朗和楚楚走过来。两人招呼辛朗，辛朗抬头看向他们，挥了挥手，面庞立即挂上一副崭新如初的微笑。

“这位是……”一个穿白色羽绒服的年轻人微笑着看向楚楚。

楚楚立即从沙发上起身，朝他点头微笑，刚要开口，辛朗便微微侧身，高大身躯投射的阴影刚巧遮挡住她半张脸。

他替她回答道：“这是楚楚。”顿了顿，又道，“我的好朋友。”

“哦，这样啊，欢迎。”年轻男子露出和善而阳光的微笑。

另一个戴红色毛绒帽子的女孩则用胳膊肘推搡了他一下，使了个眼色，然后笑着提醒道：“辛朗之前带楚楚来看过彩排，你不记得了吗，阿泽？”

名叫阿泽的男子尴尬地挠了挠头发，笑道：“不好意思啊，最近演出场地这边每天人来人往，我可能没注意到……”

辛朗摆摆手，说道：“不妨事，你们这几天也辛苦了。”

女孩则跳到楚楚身旁，俏皮地问道：“楚楚今天看了我们的演出，感觉如何呀?”

楚楚微微有些羞赧，回答道：“不好意思，小璐，我今晚加班，没能赶上演出。”

“原来如此……这也太遗憾了……你是没看到，辛朗出场的样子，可惊艳了，我专门录了视频，一会给你看。”小璐搂着楚楚的肩膀，亲切地絮叨着。

“你们别站在这儿聊，琳赛姐还在门口等我们，人齐了就一起去聚餐。”阿泽一边说，一边引领着三人朝酒吧出口方向行去。

清寒的冬夜，一轮冷月高悬于天幕。琳赛伫立在月色下，正笑脸盈盈地和剧场特邀的贵宾们寒暄。其余工作人员也众星捧月一般围在她身侧，听她讲话。

她余光一瞟，注意到阿泽领着剧场内剩下的人走出来，便巧妙地结束了谈话。待客人们上车离去后，她这才转过身，拢了拢大衣领口，朝辛朗一行人款款走来。

“辛苦你们了。”琳赛笑着对他们一一点头致意，当看到站在辛朗身旁个子娇小的楚楚时，微微愣了片刻，复又会心一笑，主动与楚楚握手。

“感谢支持。”琳赛轻轻说道。

楚楚点点头，然后琳赛快速地抽回了手，招呼众人道：“既然人都齐了，那咱们出发吧。”

“行，我们这边一共有四辆车，我看看怎么安排座位。”小璐蹦出来，开始数数。数了一圈下来，刚巧差两个座位。

辛朗见状，连忙说道：“小璐，楚楚开了车来的，我坐她的车就好。你们要是觉得拥挤，也可以再安排两个人坐我们的车。”

“可以，要不我就坐……”阿泽正欲附和，却被小璐抢过了话。

小璐笑着说道：“一点都不挤，你就和楚楚坐一辆车吧，稍后我把定位发给你。”

阿泽还没反应过来，便被小璐按进了车厢。

琳赛则意味深长地看了辛朗和楚楚一眼，然后浅浅一笑，道：“既然小璐安排好了，那我们就出发吧。”

话音一落，众人发出一声欢呼，然后纷纷钻进汽车车厢里。楚楚走到自己那辆小汽车前，从衣兜里掏出钥匙开启车门。在这短暂的间隙，楚楚尴尬地发现，汽车外壳覆盖着一层雾蒙蒙的灰尘，使得整辆车看上去灰头土脸。

楚楚知道辛朗最爱干净，只可惜自己这几天忙于赶稿，竟忘了洗车这回事。

好在辛朗今夜似乎格外疲惫，没有在意这些琐碎的细节。他迅速打开车门，坐上汽车副驾驶的座位，见楚楚还愣在车门外，不禁轻声催促她。楚楚这才回过神来，赶紧钻进车厢。

她的心里莫名松了口气，好像逃过一劫似的。

汽车缓缓启动，跟随前方的车队朝前驶去。

楚楚看着清一色的黑色车队，想起方才琳赛那双狭长而秀美的双眼，以及她深邃黑暗的眼神。

楚楚问辛朗："你为什么不告诉他们我和你的真实关系?"

辛朗含糊不清地嗯了一声，闭着双眼，没有回答楚楚的问题。

于是，楚楚又问了一遍。

辛朗皱了皱眉，依旧没有睁眼，只淡淡说了一句："咱们之前不是约定好了吗？你今天怎么了?"

楚楚不满道："明眼人都看得出来，一味隐瞒躲藏有什么意思？纯粹自欺欺人罢了。"

辛朗叹了口气，缓缓吐出一句："有些事，不是你想的那么简单……你说过会体谅我的难处……怎么一天到晚还在纠结这些小事，累不累啊。"

楚楚咬了咬下唇，一股强烈的委屈突然涌上心头，她一瞬间红了眼眶，泪珠不争气地滚落下来。

空气顿时凝结冰冻。辛朗敏感地察觉到气氛发生了变化，豁然睁眼，看向驾驶座位上的楚楚。只见楚楚正紧抿嘴唇，似乎在努力克制自己剧烈起伏的情绪。辛朗内心警觉，立即从座位上坐直身子，严肃地问她："你今天不对劲，你是不是又忘记吃药了?"

谁知辛朗话音未落，楚楚忽然一个急速的右转，将车开进旁边一条漆黑的道路上，一路狂飙。

辛朗一瞬间吓得脸色苍白，下意识地握紧双拳，声音颤抖，问道："楚楚，你要开到哪里去？慢点，危险！"

楚楚一边流泪一边冷笑道："呵，我不想去聚餐了，我要回家。"

"好，好，不去了，咱们回家。但是你慢点开行不行？！"辛朗心里不禁捏了一把冷汗，紧张地看着失控的楚楚，连连安慰，因恐惧和震惊颤抖的声线饱含平时不曾有的温暖和关切。

就这样劝慰了两分钟后，辛朗这才感到车速渐渐放缓，车身逐渐趋向平稳，于是他微微松了口气，调整了一下坐姿。然后他看向崩溃的女友，情不自禁地伸出手，试探着触碰楚楚的肩膀，见楚楚没有抗拒，于是手指顺着脖颈慢慢向上移动，最后温柔地抚摸她松软的头发。

"楚楚，乖，冷静一点，好吗？"他的语气听上去有些无奈。

平日里习惯了被淡漠对待的楚楚，在感受到辛朗爱意抚摩的瞬间，终于忍不住放声大哭起来。她快速将汽车停在人行道旁，也来不及下车，便直接扑进了辛朗怀中，像个小孩一样哭闹起来。

辛朗怔怔地看着这个紧紧拥抱他的女孩，一时之间内心震动。双手悬在她肩膀上方，竟不知落在何处。转瞬之间，楚楚便将眼泪鼻涕糊了他满身。

"好了，好了，没事了。"辛朗微微向前俯身，双手环绕抱住楚楚的臂膀。

楚楚在他怀里仰起泪水涟涟的脸庞，可怜巴巴地看着他，哽咽着问道："我什么时候才能不躲在你的影子里啊？我受够了……我也不差啊……"

辛朗叹气，怜惜地将她眼眶的泪水擦去，说道："没人觉得你差劲啊，是你想多了。"

"那你为何一直都不接受我，和我保持距离？"楚楚嗓子有些沙哑。

辛朗瞬间有些失神，眼色复杂。面对楚楚的质问，他竟不知如何回答。于是，他只能低下头，在楚楚的额头上轻轻落下一吻。

仿佛雪花轻柔飘落，却荡起尘埃千层。

楚楚安静下来，呆呆地沉浸在那个转瞬即逝的吻中，许久才回过神来。

"现在好点了吗，楚楚？"辛朗问道。

"嗯。"楚楚点点头，揉了揉眼睛，小声嗫嚅道，"对不起，我又失控了。"

辛朗如释重负，疲惫地笑道："没关系的，楚楚。"

"我会不会让你觉得很累？"楚楚担忧地看着辛朗，伸出手捧住他瘦削的脸庞，轻声问道。

辛朗揉了揉楚楚凌乱的头发，缓慢而沉重地答道："我们说好了，要一起承担的，不是吗？"

"嗯。"楚楚听到这话，登时露出欣喜而感动的笑容，这才松开紧紧搂住辛朗脖颈的手臂。

"所以，现在我们是回家，还是去聚餐？"辛朗耐心征求楚楚的意见。

楚楚思索片刻后，问道："你想去吗？我现在情绪稳定下来了，如果你想去，我们就去。"

辛朗认真说道："楚楚，不是我想不想去的问题，首先这是我的工作，我必须去应酬。但是我担心你，你明白吗？"

楚楚领会到辛朗的意思，于是郑重点头，说道："我没问题的，你放心吧。"

"那就好。那你好好开车，注意安全。不许再像刚才那样胡闹了，听到没？"辛朗捏起拳头，轻轻敲了敲楚楚的脑袋。

楚楚羞愧地吐了吐舌头，乖乖缩回驾驶座位上。不过，像是吃了一颗定心丸，与方才崩溃飙车的样子对比，她仿佛瞬间判若两人，变得镇定而清醒。

就这样，汽车缓缓调头，朝灯光璀璨明亮的大道上行驶而去。

灯火通明的餐厅包厢内，琳赛一行人早已围绕一张大圆桌坐下来。服务生陆续端来热气腾腾的蒜蓉小龙虾、韭菜炒蟹、炸蔬菜、烤鱼、铁板豆腐以及冰镇的酒水饮料。

阿泽提议道："听说这家店的煮啤酒还不错，天气这么冷，不如我们点上两扎？"

其余人纷纷点头表示同意。

"等会再点吧，辛朗和楚楚还没到呢，煮啤酒凉了可不好喝。"小璐说道。

阿泽看了一眼腕上的手表，疑惑道："说起来他们怎么还没到？"

小璐看了一眼手机，恍然道："哦，刚才辛朗给我发信息了，他说楚楚有点胃疼，他陪她去药店了。"

琳赛听罢，微微一笑，说道："原来如此……既然还不知道他们什么时候过来，大家也都累了，不如边吃边等吧。"

琳赛发话，众人这才拾起筷子，大快朵颐起来。大约十五分钟之后，一个高大挺拔的身影才出现在门口。众人朝门口看去，只见辛朗身穿一袭黑衣，仿佛沐浴风雪而来，周身萦绕着一股清冷肃穆的气息。他静默地玉立在包厢门口的屏风处，背后则怯怯地探出一个脑袋来，原来是楚楚躲在他身后。尽管穿着硌脚的高跟皮靴，可是在辛朗的衬托之下，楚楚看上去依旧如孩童一般娇小。

小璐见他们来了，不禁埋怨道："你们怎么这会儿才来？"顿了顿，她又望向有些拘谨的楚楚，扑哧一笑，戏谑道，"我怎么觉得，辛朗像是养了一个女儿似的。"

"才不是呢。"楚楚一听，不禁涨红了脸，小声反驳道。

辛朗面露歉疚的神色，朝大家微微点头致意，说道："抱歉，让各位久等了。"

"好了，快坐下吧。"阿泽端着酒杯，笑嘻嘻地走过来，拉着辛朗坐到自己身边，忙不迭地给他斟酒。楚楚则在小璐的热情招呼之下，挨着她和琳赛坐下。

"这场景真熟悉……"楚楚在心里喃喃道。

她还记得，一年之前，他们这些人也是像现在这样齐聚一堂，只不过那时还没有阿泽。琳赛和小璐她倒是见过多次。

去年九月，长沙还笼罩在一片炎热的暑气蒸腾之中。她不顾父母的反对，执拗地辞掉工作，独自一人飞往长沙，去观看盛大的音乐节演出。那个时候，她还深陷在对辛朗疯狂的迷恋与热烈的追求之中，宛如飞蛾扑火一般，失去所有理智，狂热地追逐着舞台上那一抹徐徐燃烧的清冷火焰。

“你去哪里，我就去哪里。”她曾是这么对他说的。

她说这话时，他正提着行李箱欲离开酒店。他的表情漠然，似乎丝毫不为所动，但眼神却充满悲悯和无奈。他像是穷尽自己的全部耐心，去纵容一个小女孩在他生命中肆意胡闹。也许他深深地明白，这是人一生中为数不多可以为某一个人孤注一掷、纵情欢乐的时光。这是仅有一次的青春，过了不会再有，于是他竭力忍耐，甚至保护她这份如同野蛮小兽一般横冲直撞的纯真与热情。

“你有被这样纯粹地、热切地、狠狠地爱过吗？也许，这样去爱或被这样爱，都是人生不可多得的经历。”

她想要对他说些什么，却仿佛千言万语堵在心口，一个字也吐不出。她见他一面并不容易。他们隔着天南海北，不仅仅是地域距离。

那也并非他们第一次见面，但她格外珍惜。人世间的面，吃一碗少一碗，见一次也少一次。她才不信什么来日方长。人情世故变幻诡谲，她深知用力抓住的虚无缥缈的烟云不过是一厢情愿的妄念。她只愿拥有此时此刻，因此，但凡那一刻出现，她就会全力以赴地沉浸其中，忘却利益的纠葛，甚至忘却时间的流逝，忘却自我的存在。

辛朗起初并没有见她，更别提邀请她吃饭。楚楚忍耐一天之后，崩溃到极点，索性负气出走。那会正是凌晨一点钟，她一个人孤零零地游走在长沙街头，饥肠辘辘。她一边流泪，一边不管不顾地暴走，也不知道自己身在何处，更不知道自己将要去往何方，就只是漫无目的地前行着。

辛朗给她发信息，她一条也没回复。他担心她，心里着急，又继续打电话，她依旧赌气没有接。不知走到何处，看到头顶上方悬挂着亮光的招牌，她才停下脚步。原来是一家夜宵馆。此时手机电量也告急，所处位置不知距离酒店有多远，更何况自己孤身一人漂泊在陌生城市街头，直到此刻，楚楚才清醒过来，意识到问题的严重性。

于是，她走进饭馆，借了一个充电宝，又感到膀胱胀痛，顺便上了个厕所。饭馆老板正将一张大圆桌搬到店门口，几个中年男女正一边聊天，一边从后院走出来，像是要聚在一起共用晚饭。

看到这些人其乐融融的场景，楚楚内心郁闷，突然想喝点酒。于是，她点了一盘烧烤，又要了两瓶冰冻啤酒，然后独自坐在室外的另一张圆桌旁，自斟自饮起来。

辛朗不再给她打电话。他甚至没有想过寻找她。

他果真一点都不在乎她吗？还是说，在他心里，自己就是一个不折不扣的跟屁虫？

楚楚越想越气，于是喝起闷酒来。隔壁桌的老板夫妇和其帮工倒是明眼人，一眼便看出问题所在，于是大方地招呼楚楚和他们同坐一桌。

他们招待楚楚吃美味的烧烤，又赠送两瓶啤酒给她，询问她是否有心事，然后以过来人的身份好心劝说她放下执念。

也是那一晚，楚楚体会到来自异乡陌生人纯良的善意，又暗想迄今为止她为辛朗付出那么多，到头来爱慕之人还不如陌生人关心自己，于是愈发心酸和气愤。觥筹交错之间，楚楚索性打开了话匣子，将满腹牢骚一吐为快，很快便与饭馆的人打成一片。七八个人就这么你一言我一语，边喝酒边聊天直到凌晨四点钟。

楚楚恍惚记得，后来是饭馆老板帮忙拦下一辆出租车，随后自己便坐车晕乎乎地回了酒店。一进门，也顾不得换鞋和洗漱，整个人直接瘫倒在地板上呼呼大睡起来。

直到次日，日上三竿之时，楚楚才醒过来，一看手机，未读信息几乎要爆炸。辛朗给她下了最后通牒，大意是言尽于此，如果楚楚再不回复，他也没辙了。经过昨晚宿醉，楚楚现在气消了一大半，再加上头痛欲裂，也不想再生事，于是乖乖回复辛朗，向他道歉。

拖着疲惫的身体洗完澡，将头发吹干，接着化完妆以后，楚楚又满心欢喜地乘车去演播大厅找辛朗。

抵达演播厅时已经是下午三点，而演出时间是晚上七点，化妆师和助理们正在休息室内紧锣密鼓地给艺人们做造型。楚楚拎着一袋子冰镇苏打水走进休息室，一眼便在五颜六色的人群中发现辛朗的身影。

他正坐在镜子前闭目养神，身后一名造型师正用卷发棒给他整理发型。仿佛是某种心灵感应，他在嘈杂的人声和晃动的光影中感受到楚楚的到来，于是慢慢睁开眼来。然后，他从镜子中看见站在他身后不远处矮小的楚楚——此时此刻女孩怔怔地凝望着镜中他英俊的脸庞，似乎一瞬间被夺去心神。

他的目光澄澈深邃却毫无波澜，如同深渊一般不可窥探。女孩就这般深深沉溺在他冷峻的眸光中。

楚楚想起昨晚发生的事，一时之间有些羞赧，仿佛做错事的孩童，一步一步朝辛朗慢吞吞地挪过去。辛朗倒是面容平静，瞧不出什么喜怒。

“我给你带了口香糖和苏打水。”楚楚怯生生地将袋子中的饮料瓶一一取出来放置在梳妆台上。见辛朗依旧一言不发，楚楚便故意试探着将苏打水递给辛朗。

说实话，辛朗不笑的样子看上去严肃而冷漠，她不禁感到担忧与害怕。但是，出人意料地，辛朗接过她手中的瓶子，并说了一声谢谢，然后他垂眼瞧了一眼饮料瓶的包装，拧开瓶盖，浅浅抿了一口。

楚楚心里稍稍松了口气。

无论如何，辛朗不和自己赌气就好。但是转念一想，也许自己根本不值得他生气，于是楚楚的内心再度阴云密布。

“你去沙发那边休息一会吧。”辛朗转过头看向她，提议道。

“好。”楚楚点点头，尽管她想一直这么看着他，仿佛怎么也看不够，但大庭广众之下，她得顾及辛朗的颜面，不能表现得太过明显。于是，她恋恋不舍地挪到沙发处，特意挑选了一处能看见辛朗侧颜的位置坐下，随后从携带的水桶皮包中掏出一本小说，心不在焉地看起书来。

字里行间似乎都洋溢着他的气息。触摸平滑的书页，如同一寸寸抚摩他的皮肤。那些字体仿佛小巧的贝齿轻轻衔住她的手指，于是她的指尖便在他的唇齿间游刃有余。

也不知过了多久，当她感到一阵阴影恍若月光轻柔地覆盖在她身上时，才回过神来。她抬起头，痴痴仰望着低头俯视她的男子。

辛朗问她："你在看什么书呢？"

楚楚将书页合上，露出橘黄色彩的封面，说道："这是加西亚·马尔克斯的《爱情和其他魔鬼》。"

"讲的什么故事呢？"辛朗随口一问，紧接着坐到楚楚身侧的沙发上。

"一个神父和一个被囚禁的少女在阴暗破败的牢房中相爱的故事。"

"哦，这样，那结局是什么？他们在一起了吗？"他漫不经心地问道。

"没有。一个死掉了，一个在病院了此残生。"楚楚用指甲轻叩着书本，说道，"不折不扣的悲剧。"

辛朗听后，微微摇了摇头，喃喃道："我不喜欢悲剧……"

"那你喜欢什么样的故事呢？"楚楚问道，其实那时候她心里正绵绵絮语着：你知道吗，我也在为你写一个故事，一个很长很长的故事……

“其实我不怎么听故事……如果非要说喜欢的类型的话，大概希望故事结局皆大欢喜……”顿了顿，辛朗的嘴角牵起一丝苦笑，说道，“文艺悲剧不过是戏剧性的作秀，生活中真正的苦，是不可能通过故事演绎出来的。”

楚楚头一次听到辛朗说出这样的话，不禁有些吃惊，愣愣道：“你说得对……说不出的苦，才是真正的苦。”

见辛朗依旧提不起兴致的样子，楚楚一时之间也找不到别的话题，只能讪讪地将那本《爱情和其他魔鬼》收起来。就这么静坐了一会，演播厅的工作人员拎着塑料饭盒走进休息室。助理们纷纷站起身来，将简单的晚餐依次分发下去。艺人们快速用过晚饭后，便陆续进入后台开始候场。

辛朗吃得很清淡，带辣椒的菜他一点儿也没碰，吃过晚饭后还不忘含一块润喉糖保护嗓子。楚楚也只扒了几口白米饭，她实在没心思吃饭，也压根不觉得饿。其他艺人在候场时还不忘复习歌词旋律或者舞蹈动作，又或是搭讪聊天，缓解紧张沉闷的气氛。唯有辛朗慵懒地躺在沙发上，倦怠而沉默地观望休息室内喧嚣的男女。不一会，他的眼皮耷拉下来，竟沉沉睡了过去。

“辛朗……你困了吗……”楚楚小心翼翼地探问道。

可是辛朗听不见，他早已睡着，头微微偏向楚楚那一侧，面庞宛若婴儿般纯净安宁。

“你累了……那就睡一会吧，反正时间还早着呢……”楚楚轻声喃喃道。

辛朗则像是卸下了清醒时所有的警惕和戒备，高大瘦削的身躯好像失去支撑一般慢慢瘫软下来，头缓缓歪向楚楚的肩膀，直到柔软的头发触到楚楚的左肩，才像是寻到一处安稳的依靠，呼吸渐渐均匀而深长起来。

在喧闹的房间里，在沸腾的嘈杂人声和晃动的幢幢人影中，他倚靠着她，宛如飞鸟栖息着它的树。

楚楚内心震动，那一瞬，竟有落泪的冲动。

她像是释放身体所有感官的触角，全力去感受辛朗依靠在她肩膀上的重量，她用尽全部的力量和温暖去承托他疲惫至极的肉身与心慵意懒的灵魂。无关乎情爱，仅仅只是那片刻的温存，便令人永世难忘。

辛朗垂下头，脸颊紧紧贴着她的左肩，温热的鼻息悠悠荡过她裸露的脖颈和手臂，她感到自己心旌动摇、方寸大乱。心脏激烈地狂跳，像是要蹦出胸腔。此时此刻，楚楚的每一寸皮肤都在疯狂捕捉这燎原野火般的气息。他是一阵风，荡过她荒原一般贫瘠苍白的身体，掀起千万重野草燃烧的烈火。

身体比头脑更加忠诚地记忆着我们的爱人。

完蛋了……楚楚的双手死死揪住裙子，情不自禁地夹紧双腿，她的手心汗津津的，脸也羞红一半。她觉得自己像是马上要烧起来了，好像有滚热的岩浆沿着身体沟壑汩汩涌出。

方才那双双偎依的片刻静好已经荡然无存，取而代之的是烈烈燃烧的情欲火焰。

就这么坚持了十分钟，楚楚再也忍不住，她甚至怀疑自己来例假了。于是，她轻轻推搡辛朗，同时附在他耳畔，低声唤他，声音娇怯而颤抖。

“辛朗，醒一醒，还有五个节目就到你了……”

唤了好一会，辛朗才缓缓睁开眼。他似乎没回过神来，慢悠悠地抬起头，坐直身子，用手指揉着惺忪的睡眼，有些茫然和无辜地看向楚楚，重复着她的话，问道：“轮到我了？”

“还有大概二十分钟，你醒醒神，找找状态。”楚楚慌乱站起身，边说边往门口逃窜。

“我去趟洗手间，然后再进演播厅看你演出。”楚楚说罢，便落荒而逃，剩下不明所以的辛朗愣在原地，望着她捂着屁股匆忙离去的身影，困惑地挠了挠头。

楚楚拎着裙子，慌不择路地冲进卫生间，猛地将门一关，便利索地撩起裙子，褪下内裤，原以为会撞见一大块深红的血渍，没想到却干干净净。难道是自己的错觉？可是……她用手指微微触碰了一下，毫无疑问，内裤已经湿了一小块。

楚楚当然明白这究竟是怎么一回事。她颓然地坐在马桶上，脸涨得通红。裸露的肌肤上还残留着辛朗的气息，这就像是他赐予她身体的烙印，又像是撬开她情欲之锁的钥匙，搅得她心神动乱。

仅仅只是靠着她的肩膀浅浅休憩而已，她的生理反应怎么会强烈至如此地步？

况且，她头脑里根本没有那些不洁的幻想，那么这反应究竟从何而来？她又不是没碰过男生，以前上大学时也有男同学暧昧地和她勾肩搭背，但那时她一点感觉都没有。

楚楚越想越觉得羞耻。一直以来，她都如同仰望明月一般爱慕着辛朗，但是，如今那块黏湿的水渍却嘲讽地向她揭示了潜藏在她心底的欲望。

终究是避免不了落俗。

“如果他知道我对他怀揣这样的欲望，一定会更加排斥和厌恶我吧。”楚楚喃喃道。她深深地叹了口气，随后又劝慰自己，无论如何得镇定自若，要不露声色地与他相处和周旋。

自己给自己打气以后，楚楚终于站起身来，用随身携带的纸巾将湿润的水渍擦干净，又细心地整理了自己的妆发，然后满怀信心地走进了演播大厅。

恍如沉船没入黑暗深海，推开门那一刹，遥远的舞台上，星光仿佛漫天雪花洒落。她在那一瞬，看到他沐浴星光，踏雪而来。他身着一袭黑衣，俊朗挺拔，清冷肃穆，微微颔首，一步步拾级而上，最终走向舞台中央。

灯光聚拢成一束，从头顶打下来，于是他被笼罩在一团朦胧的白光中，犹如置身于清寒冷艳的白夜火焰。

尖叫声和欢呼声四起，但又随着聚光灯的照亮而渐渐平息，好像他的出现，让世间所有喧嚣都如星尘沉落海底。

钢琴声如同雨滴落下，愈渐急促，仿佛少年失恋后在雨中狂奔的喘息。

重音落下。短暂的空白。他的歌声幽幽升起来。清冷而透亮的声线，恍若沙漏中缓缓流逝的时间一般颗粒分明，又仿佛日光下即将蒸发殆尽的露珠一般澄澈透明。他以自己全部的深沉与柔情，赋予一首小众歌曲桀骜不驯的人格。他只是随心所欲地唱着，仿佛忘记自己在表演，忘记台下还有上千听众，仿佛他只是对黑夜诉说自己孤单的心事，无需喝彩与嘉奖，也无需理解和陪伴。

楚楚深深陶醉在他的歌声里，她如同仰视自己信奉的神明一般，仰望着舞台上那个忘我歌唱的英俊男子，眼里饱含爱慕与激动的泪水。那一刻，她感到自己与辛朗，好像是两个世界的人。她似乎从不曾真正了解他。

楚楚一时之间觉得心酸和羞愧。她深知他从遥远寒冷的北方小城，摸爬滚打走到今天这个舞台上，经历了多少泥泞与坎坷。

而她，竟还在演出前夕彻夜不归，与他赌气。就连他因为疲劳借助她的身体稍稍休憩的片刻，她也竟然产生那般难以启齿的反应。一念及此，楚楚顿觉羞愧难当，恨不得在这漆黑之中如同泡沫骤然消失。

舞台上的辛朗宛如浴光而生的神祇，静静伫立于星光浮沉的漆黑海面上，手握话筒，低吟浅唱。楚楚屏息聆听，直到钢琴声如同夏夜残雨徐徐落幕，才回过神来，然后眼泪汪汪地鼓起掌来。她真心为他感到骄傲。她为自己爱上这样一个光芒璀璨的人感到幸运。

面对台下潮水般的欢呼和掌声，辛朗难得露出微微羞赧的笑容，仿佛少年般青涩。他朝观众深深鞠了一躬，然后从容退场。见他走向幕布后方，楚楚连忙绕到候场区去找他。

掀开酒红色的丝绒幕布，她瞧见辛朗正站在艺人们中央，拿着一瓶矿泉水，一边喝水，一边听同行们对方才演出的评价，时不时谦虚地点头表示同意。他的眼神明亮而清澈，一扫之前的倦怠与落寞。

楚楚兴高采烈地蹦了过去。辛朗瞧见楚楚，温和地笑道："你不去看演出吗？还有很多精彩的节目。"

楚楚摇摇头，直言道："我陪你。你去看，我就去。"

众人都会心笑起来。辛朗干咳了一声，说道："我在后台休息一会就去。"

楚楚点点头，然后找了一处挨着辛朗的座位坐下，乖巧而耐心地等候。

"楚楚，演出散了以后我们有个聚餐，到时候你跟我们一起去餐厅吧，别独自回酒店。"辛朗像是想起什么，转过头对楚楚提出邀约。

楚楚一听，不禁心花怒放，好似小鸡啄米一般连连点头，嗯嗯啊啊地答应了。

辛朗瞧见楚楚眼底深处按捺的激动，稍稍放下心来，然后转过身加入其他艺人们的聊天中。楚楚也不在乎此刻他是否理会她了，而是自顾自地沉浸在方才辛朗主动邀请她参加聚会的欣喜之中。

于是，待到演出结束后，琳赛作为主办方的领导，照例带领大家去长沙一家被誉为网红打卡地的饭馆聚餐。大家订了两个大包厢，欢声笑语地围坐在圆桌旁，一边畅饮冰镇啤酒，一边吃炒得辛辣咸香的小龙虾。

楚楚如愿以偿地坐在辛朗身旁。起初，辛朗还很照顾她，主动帮她挑选个头大的小龙虾，考虑到她手指上镶嵌了美甲，于是细心地替她剥去虾壳。

“喏，趁热吃。”辛朗戴着塑料手套，用牙签小心翼翼地将虾线剔除之后，然后将剥出来的肥嫩虾肉放入楚楚的碗中。

楚楚倒也不客气，说了一声谢谢之后，便啊呜一口吞掉了香辣可口的虾肉。不一会，楚楚面前油亮的虾壳便堆积如山。辛朗剥虾的速度俨然赶不上楚楚吃虾的速度。

“嗯……”辛朗看着楚楚狼吞虎咽的模样，若有所思。

琳赛倒是眼明心亮，于是笑着戏谑道：“辛朗真像是养了个女儿，以后肯定是个女儿奴。”

众人都哈哈大笑起来。

琳赛这一打趣，倒让楚楚觉得有些不好意思，于是她连忙劝说辛朗停下手上的动作。

“还是我自己来吧，我太能吃了……你光顾着照顾我，都没怎么吃东西……”楚楚一边说，一边忙不迭地用筷子给辛朗夹菜。

“好。”辛朗苦笑着点了点头，然后便拾起筷子，小口地吃掉楚楚放入他碗里的食物。

很快，琳赛便招呼着艺人们去隔壁桌给领导和贵宾们敬酒。辛朗自然也跟在琳赛身后前去应酬。楚楚也得了空闲，放肆地享用起美食来，嘴里一边嚼着炸土豆，手上还不忘给辛朗剥虾。不一会，辛朗碗里的食物便垒起了尖儿。楚楚还细心地将辛朗用过的餐盘换成了新的。

一轮又一轮的敬酒之后，艺人们都有了些许醉意，一个个脸色酡红、眼神迷离，纷纷摆手婉拒递来的杯盏，陆续回到自己的座位。唯有辛朗的目光清亮有神，从始至终没有失焦过。他很少说话，也不恭维座上宾客。别人给他敬酒，他也很实诚地喝掉杯中的酒水，一滴不剩，并且礼貌地挨个回敬。

楚楚吃饱喝足，远远看着他，有些担忧。于是，她偷偷给他发了信息。

“要不要我找个理由把你叫过来？你喝太多了。”

她看到辛朗低头回复她的信息，很快，手机屏幕上亮起一行字。

“没事，不必担心。”

楚楚的嘴角泛起一丝笑容，于是不再打扰他，乖乖坐在座位上，一边自斟自饮一边等候他回来。过了许久，琳赛才领着艺人们回到桌前，大家虽有了醉意，但也敞开了话匣子，你一言我一语聊起天来。

打扮光鲜亮丽的女艺人们倒是对小女孩模样的楚楚比较感兴趣。她们纷纷围着楚楚，与她闲聊，很快便给她倒起酒来。

辛朗原本想劝阻，但是看到楚楚难得参加社交活动，又笑得开心而天真，于是也不再干涉。楚楚在女艺人们的攻势之下，被灌了四瓶啤酒，很快便醉倒在桌上。

此时已是凌晨一点半。

楚楚昏昏沉沉地睡去，只觉周遭人声喧哗，却又如隔着某层屏障，声音和人影都如云遮雾绕般迷离，逐渐呈现出某种光怪陆离的诡谲来。渐渐地，她失去知觉，完全醉得昏睡了过去。

直到辛朗的呼唤声在她耳畔响起。

“楚楚……楚楚。”

辛朗俯下身，近乎贴着她的侧脸唤她。他轻轻摇晃她的肩膀，直到她费劲地抬起沉重的眼皮，恍惚地看向他。

似有重影在眼前晃动，许久无法清晰定格。

辛朗像是哄小孩一样，温柔地对她低声说道：“楚楚，你喝醉了，我现在送你回酒店。”

“嗯……”楚楚含糊不清地答应道。

此时此刻，她只觉得身体和理智都像冰激凌一样在爱意的烘烤下慢慢融化。她已经无所谓辛朗带她去哪里，只要和他待在一起，她就感到安心。

“因为，你就是我毕生的归途。”

辛朗将楚楚扶起来，楚楚伸出手臂环抱住他的身体，头靠在他的怀里，舒服地嘟囔着，发出婴儿一般的呓语。

辛朗任凭她瘫软在自己的怀抱中，两人就这么缓慢地挪出了餐馆。

夹杂暑气的夜风大片大片灌进车窗，城市的霓虹光影宛如水波从他们身上流淌而过。她躺在他怀中，看着窗外一闪而逝的风景，任由他身躯的阴影将自己覆盖和吞没。她的脸颊贴着他的身体，感受他结实的胸膛与鲜活的心跳。是的，此刻，他的存在如此鲜明而真实，不再停留在回忆或是幻想之中，也不再是手机中虚拟的网络形象，而是如实真切地以现实中独立个体的身份存在于她身旁。他们本是两条不可能相交的平行线，却各自脱离命运原本的轨道，跨越漫漫无尽的黑暗时空朝彼此趋近，并于当下相逢与交会。

白日那甚嚣尘上的情欲，在这宁静美好的时刻，也自然而然地平息，仿佛火焰融于月光下的湖泊。

她缓缓舒出一口气，看着车窗外琳琅璀璨的街景，恍然有一种阅尽繁华、历经沧桑后心意倦怠的错觉。她突然什么都不想要了，只想偎依在深爱之人的怀中，平静无言地感受时间的流逝。一生若如此度过，与世无争，便也很好。

于是，在那个炎热的夏夜，车辆沉默地向前行驶着，如同夜航的船只，载着一对命运多舛的爱人，在黑暗海面上前行。前方有指引方向的灯塔吗？人生仿佛不知归宿的漫游。

渐渐地，楚楚感到汽车缓缓地停了下来。原来他们已经抵达酒店。辛朗付过车费后，搀扶着楚楚下车。

楚楚摇摇晃晃地朝前走着，也不知道自己是怎么进的房间。一进房间，她便觉得浑身瘫软，直接倒在了柔软的床榻上。

辛朗轻轻地将房门锁上。然后，他来到床榻旁边，低头俯视着烂醉如泥的楚楚，微微叹息一声，随后，他慢慢蹲下身，替楚楚脱去高跟鞋。

楚楚感受到他的手指仿佛轻柔的吻，如水地滑过裸露的脚踝，登时一个激灵，立刻翻身，勉强支起身子，有些紧张和羞涩地看向辛朗。

辛朗仰起脸看她，温柔地笑道："别紧张，楚楚。"

暧昧的气氛如同凝固的糖霜。空气中弥漫着心照不宣的默契。楚楚看着眼前这个平日里俊美但冷漠的男子，此刻仿佛甘愿沦为裙下之臣，小心翼翼地替她褪去硌脚的高跟鞋。

他的手掌轻柔地托起她娇小的脚掌，随后他静默地凝视着昏暗灯光下泛着微弱光泽的圆润脚趾，不禁喃喃道："楚楚，你的脚好小……"

楚楚一下子羞怯地缩回双脚。辛朗内心震动，好似察觉到自己的失言，他抬头看楚楚，只见她涨红的脸颊如同含苞欲放的花朵。

一时之间，两人相对无言。半晌，楚楚才别过头，开口打破沉寂的尴尬。

她咽了口唾沫，哑着嗓子颤抖说道："辛……可以给我倒杯热水吗?"

辛朗立即站起身来，拎起放在电视柜旁的热水壶，接了一瓶水后，走到电源插座旁，按下烧水的按钮。然后，他默然走到书桌前的椅子上，面向楚楚坐下，开始低头查看手机上关于工作事务的信息。楚楚则缩进被窝，用被子紧紧捂住身体。

很久以后，楚楚都能回想起那个夜晚，他和她共处一室的短暂宁静。她躺在床上偷偷看向他，他背对着巨大的落地窗，面朝酒店的大床，坐在木质书桌前。窗外是璀璨的夜景。他的身影就沉浸在那一片逆光的阴影之中。

楚楚还记得那晚他穿着一件白色短袖。

“多希望你能坐在我身旁，陪我说说话。”楚楚躺在床上，心里喃喃自语。

那一片沉默不语的寂静中，只有热水壶发出咕噜咕噜的声音。

又好像是尘世间不可多得的温馨场景。夜幕酒红色丝绒的质感。水汽蒸腾的声响。雪白松软的羽绒棉被。垂落的纱质窗帘。相对无言的长久默契。欢宴散尽的寥落收场。离别在即的不舍。大梦一场的荒唐。

穷途末路的恋情。暮色散尽天欲晚的命运。

氤氲暧昧的醉意气氛。疯狂滋长的阴暗与爱欲。还有可望不可即的痛楚。

辛朗当然不会知道楚楚内心深处对他产生的那些难以启齿的幻想。那些未能餍足的欲望，在日后仿佛噩梦一般折磨着楚楚的身心，令她身处情爱煎熬的炼狱。

后来，辛朗将盛着热水的玻璃杯递到楚楚手里，轻声叮嘱她：“今晚你要好生休息。”

“明天你就要走了吗?”楚楚捧着水杯，抬眼望向他，眼里流露出不舍与失落。

辛朗伫立在床榻前那一方灯光无法眷顾的黑暗中。他仿佛是她的影子。

“是的，楚楚。”他回应道。

然后，辛朗看到楚楚的眼睛。她的眼睛好似水淋淋的月亮。月光如同潮水一般袭来，将他的身心包裹。辛朗微微低下头，若有所思地喃喃道：“下一次，我们在成都见吧。”

“嗯。”楚楚点点头，然后目送他的身影消失在走廊拐角。黑暗中，她听到门扉轻轻开启，随后犹疑着扣上的声音。

辛朗走了。

楚楚顿时感到难以言说的沮丧和难过。她安静地喝完杯中的热水，然后躺在床上望向天花板，任由所有情绪在身体内部酝酿和激荡。不知过了多久，她昏昏沉沉地睡了过去。

长沙之行就这样落下帷幕。之后，她回到成都，重新拾起纸笔，开始写作。

如今，依旧是深夜喧闹的餐厅包厢，依旧是熟悉的面孔，这推杯问盏的情景令她心底潜藏的回忆一下子如泉水般汩汩涌出。

小璐笑嘻嘻地跟她聊天，她心不在焉地应和着，然而脑海里，回忆的画面却一帧帧地闪烁而过。她的意识似乎分离成不同部分，一部分应付着尘世琐事，一部分沉醉在一去不复返的青春往事中，最后剩下的部分则游离在身心之外，冷静而淡漠地观望着当下这一切的发生。

酒过三巡，座上众人皆有了微醺的醉意。琳赛招呼辛朗离席，似是与他商量一些工作事务。楚楚出离的那部分意识望着他们一前一后离开包厢，不自觉地想要跟随其后，但身体却被困在座位上不得动弹。

楚楚感受到那部分意识的蠢蠢欲动，于是磨蹭了一会，找了个借口结束与小璐的闲聊，随后独自溜出了包厢。她很快在楼梯拐角处发现正在交谈的辛朗和琳赛。于是，楚楚悄悄躲在墙壁之后，竖起耳朵认真倾听他们谈话的内容。

她第一次看到辛朗脸上露出那样凝重的神色，以往的他永远都是一副淡漠而沉闷的模样，如今却罕见地严肃起来，甚至眉宇间都蕴藏着浅浅的怒意。不知方才琳赛与他究竟讲了些什么。

与辛朗截然不同，琳赛倒是一副泰然自若的姿态。她优雅地用左手托住右臂手肘，认真听辛朗说话。

“我没有逼你做决定，因为我没有那个权力。但是你可以再考虑一下。”

楚楚隐约听到琳赛如是说道。

辛朗只是将双手揣进裤兜，然后默默地摇头。

“她的存在，对你的事业发展没有什么好处，你现在走到哪儿她都跟着你……总之，世上没有两全其美的事情，我们都要为自己作出的选择付出相应的代价……所以，希望你考虑清楚再回复我。”琳赛看着辛朗，以一种过来人的口吻劝说道。

楚楚躲在墙壁后，断断续续地听完他们的谈话，只感到心中疑团仿若阴云聚集升腾而起。

她赶在辛朗与琳赛的谈话结束前，无声而快速地离开楼梯拐角处，不动声色地回到了包厢。一踏入包厢内，酒水和食物的气息便扑面而来。楚楚立即挂上一副笑脸，重新融入大家的谈天之中，仿佛什么事都不曾发生过。没过一会，辛朗和琳赛也先后回到包厢。大家聚在一起，闲聊了大半个钟头，才散场退去。

城市的冬夜如同一块包裹灯火光焰的冰块，时间从冰面裂缝中流淌而过。

回到家中，时针刚巧指向凌晨两点。辛朗原本就喝了许多酒，一进楚楚房间，也顾不上脱去衣袜，便累得瘫倒在软和的床榻上，昏昏沉沉地睡了过去。楚楚俯下身，看着鹅黄色灯光下他的睡颜，心中不由得生起一丝疼惜之情。她蹲下身，替辛朗褪去脚上的袜子，然后将他耷拉在床沿上的腿扶上床榻。趁着辛朗尚未翻身趴过去之前，楚楚又手脚麻利地替他脱去厚重的外套和毛衣。

当楚楚费劲地将他的黑色长裤扯下来时，辛朗表现出潜意识中的警惕，双眼虽因沉重疲乏未能睁开，但眉头紧蹙，鼻腔里闷闷地哼了一声，右手微微抬起，似乎是想要遮挡住身体。楚楚见状，又好气又好笑，也不想与他计较，便没弄醒他，只是默默地将散落满床的衣服鞋袜一一收拾好，叠放在自己书桌前的椅子上，又像照顾幼童一般给醉酒的大男孩穿上睡衣，顺便恶作剧地给他戴上一顶卡通睡帽后，这才从衣柜中取出自己的浴袍和睡裙，前去浴室洗漱。

待楚楚洗完澡，披散着微微湿润的长发走进房间时，只见满床摆着一个“大”字，而被褥早已被辛朗撂到一边。楚楚忙不迭地爬上床，给辛朗把被子盖好，这才钻进被窝，像小动物似的一个劲往辛朗怀里钻。

她的脸颊贴着辛朗宽阔的胸膛，感受他温热的体温和柔软的肌肤，只觉得心里暖意融融，身体充盈着饱满丰沛的爱意和柔情。但是，她情不自禁地想起琳赛与辛朗的一席谈话，不由得微微皱眉，一股忧思再次萦绕心头。倘若没有今晚那场插曲，此刻的她应当是全身心地融入恋人的怀抱中，睡一个甜美的好觉。

可是……她真的很想知道他们之间究竟因为什么产生分歧。她很确定琳赛口中的那个“她”是谁。而且，从很早以前开始，琳赛看她的眼神便带着一种说不清道不明的意味，这早就令她感到很不舒服了。

“等明天问一问辛朗吧。”楚楚抬眼看了一眼身侧酣睡的男子，在心里喃喃道。

然后，她也疲惫地闭上了双眼，逐渐沉入梦乡。

大火滔天的梦魇。

天火连绵无尽地烧着，好像很快就要席卷人间。残阳丝丝缕缕地卷着灿若火舌的光焰，一片片坠落向地面。

她从床榻上惊醒，冷汗濡湿真丝睡裙。胸脯上下起伏，心脏激烈跳动，整个人惊魂未定。枕边的男子察觉到女伴的不适，也从床上支起身子来，从背后用手臂环抱住她，用温柔得近乎梦呓一般的声音问道：“楚楚，你怎么了?”

女子将头深深埋进男子怀里，痛苦地说道：“我又梦到末日来临的那天，漫天烧不尽的野火，一切都化为灰烬……”

“连我和你也变成了灰烬是吗?”男子一边用手轻轻抚过女子的长发，一边轻声问道。

“我还没有看到我和你的结局，也许我们化成了灰烬，也许又会逃过一劫……”女子颤抖着喃喃道。她一边断断续续地向男子倾诉梦境的恐怖，一边焦虑不安地咬着嘴唇。

“别咬嘴唇。”男子柔声劝阻道。

女子乖乖停下咬唇的动作，这才发现嘴唇已经有些微微破皮，细密的血珠从创口处缓缓渗出。

“楚楚。”男子唤她。

“嗯？”楚楚迷茫而天真地抬起头，望向身侧俊美如玉的恋人。在极度恐惧的境况下，唯有极致的爱恋能令人忘却危险的迫近。

“香诺还没有被焚毁。况且，我还在你身边，你要安心。”男子说道。

“可是……我仿佛能够看透香诺的命运……但迄今为止，只有你和我的命运，我看不到尽头……”

“是的，你的确有这个天赋，香诺也确如你所描绘的一样，被火焰围困……”男子听了楚楚这话，也不禁长叹了口气，忧心忡忡地望向窗外。尽管是黑夜，遥远天边依旧映出一片隐隐闪烁的血红，仿佛天光的余烬。

远方山火蔓延。

“每天都有好多人死去，也有好多人逃亡，可最终又能逃到哪里去呢？”楚楚隐隐垂泪，苦涩地叹息。

“楚楚，你想要逃离吗？”男子低下头问怀抱中的女伴。

但出人意料的是，楚楚只是摇了摇头，沾染泪珠的睫毛悲哀地颤动着，坚定地说道：“逃避没有意义。我要留在这里，直到最后一朵玫瑰被焚为灰烬。”

“嗯。”男子点点头。

然后两人在炎热的夏夜紧紧拥抱在一起。汗津津的肉体紧密贴合，仿佛要互相镶嵌进对方。他凝视着她沁血的红唇，仿佛在欣赏一朵妖冶妩媚的暗夜玫瑰。于是，他亲吻她。在末日阴影的笼罩下，很快，他们汗流浃背的肉身在床底之间交缠在一起。

明明是旱季，气温却骤升。置身庄园之中，仿佛身处永恒的盛夏乐园。曾经为文学家和艺术家们所讴歌赞颂的夏日美学，竟然一夕成真。

只是，曾哀逝的一去不复返的，有朝一日凝固成永恒，会否从此沦为白日梦魇?

楚楚在情欲的浪潮退却之后，疲倦地躺在床上，看着天花板上旋转的吊扇，不自觉地伸出手，似乎想要去抓住那不断轮回的命运光影。

“有时候，我感觉我能看到他。”楚楚说道。

男子趴在床上，安静而悲悯地凝望着黑暗中楚楚的侧影。

“你口中的他，是主宰香诺命运的神明吗?”男子问道。

楚楚茫然地捂住脸庞。

“他是谁呢?”他试探着问道。

楚楚不知如何回答。许久，她在昏热的黑暗夜晚哑着嗓子嗫嚅道：“请原谅我……我无法说出这个真相，我已经丧失用语言揭示它的能力……就像我对你的爱，也永远无法用语言表达一样……”

男子从背后轻轻搂住她的臂膀，安慰道：“没关系的，楚楚。”

“对不起，辛朗。”

楚楚喃喃着道歉，然后她绝望地望向黑暗深处。窗外的天光透过帘幕投射在墙壁上，吊扇转动的光影绕成命运的轨迹。

那里，世界的真相如同云纱笼罩，隐晦而蒙昧地在她眼前徐徐铺陈开夕阳光辉洒落墙壁的流动光影。

第二章　巫山云雨

1

悲伤的一切，终将如梦初醒。

楚楚悠悠睁开眼，天已大亮，而床榻正对面墙壁上如水光波动的潋滟光影，仿佛回溯的时间倒流进她的双眸。她眨了眨眼，那缓慢流动的光泽渐渐涣散晕开，空气在那一瞬是不可多得的空无与寂静。房间里空落落的，如同心一样。此时此地，仿佛没有任何人存在。好像此刻只有神的意识在凝视着那片光影，自我融于神性之中。直至视线聚焦，周遭变得模糊，唯有视野中央那一处尤其清晰之时，自我意识才回归到躯壳中。

神性，如一丝火焰迅疾熄灭。

楚楚终于回过神来，而枕边人早已悄然离去。望了一眼墙上悬挂的时钟，原来已将近中午。楚楚挣扎着从床榻上爬起来，来到客厅，给自己冲泡了一杯柠檬水，然后坐在沙发上，安静地发了会呆。

手机屏幕泛起亮光，是网站编辑发来信息，询问稿件进度。楚楚看到手机荧屏上的文字，顿觉一丝恍惚。

梦中哽咽的烈焰，饱含痛楚的热烈爱恋，昏热的晚风，垂暮的情欲，以及焚烧殆尽的灰烬气息，伴随着荧白屏幕上亮起的“香诺”字眼，如浪潮般汹涌袭来。楚楚立刻感到一种前所未有的惶恐与窒息。

毫无疑问，脑海中闪回的意念，是她所“看到”的香诺世界与真实世界交错的叠影。这场冲击如此剧烈，几乎在刹那间吞没她的主体意识。当她反应过来时，才在回味中感到方才“沦丧”的恐怖。

刚才起床时，明明脑海一片贫寂，并未有任何狂风暴雨的迹象，她也丝毫不记得自己昨夜有过一场梦境，然而当她看到“香诺”一词时，一股不属于她的记忆潮流却猛然夺去她的全部心神，所以她确信自己看到了香诺世界里那位“楚楚”的过往。

但是，这一次，和以往有所不同。过去，她仅仅是以旁观者的身份去观察“楚楚”的人生，而这一次，好像她就是“楚楚”。

一阵恐慌袭来，以至于楚楚慌忙扔下手机，翻箱倒柜开始寻找药物。虽然看上去并没有什么实质性作用，但药物对于楚楚而言，是强有力的心理抚慰。也是在那时，她突然想起，她这几天忘记吃药了。因为辛朗在她身边。他好像就是她的药，致她发狂，又令她心安。

总算找到白色小药瓶，拧开瓶盖，倒出胖鼓鼓的圆形药片。楚楚就着清水，服下一枚药片。感受到白色颗粒物质在口腔津液中慢慢溶解的状态，楚楚忽然生起一种莫名的感伤。也许，人所有的悲欢喜怒，归根结底都不过是一连串化学方程式。那么，她对辛朗孤注一掷的爱恋，这段方程式究竟又有多复杂深奥，此生又是否能够求解。

吃过药之后，她感觉眼前的世界似乎清亮了一些。随着日影流转，肉身也终于拽着思绪回到现实。楚楚走进房间，拉开衣橱，开始挑选出门穿的衣服。成都的冬季，难得遇上一回艳阳天。她心血来潮，想去喝咖啡。热气腾腾的咖啡，给人的感觉非常 hygge，像是巧克力在心底缓缓融化流淌的愉悦。

毕竟，她的家就如同苦行僧修行的居室。室内大面积留白，然而存放物品的地方又凌乱不堪，整座房子虽不乏亮色的点缀，但却没有温暖的氛围，只有一抹昏昏然的惨淡，就像白手绢上被拍死的蚊子凝结的血渍，于喑哑之中透露出嘲讽的笑意。

冰箱里也没有储存丰盛的食物，尽管写作这件事会剧烈消耗心力，需要进食以缓解身心疲惫。有时候，楚楚会感到独居的生活清苦而乏味，她也曾一度暴饮暴食，但那种沉堕下坠的感觉很快令她从昏昏然的睡梦中警觉，于是她明白自己大概是那种永远不会醉生梦死的人。

楚楚拎着帆布包出了门，步行二十分钟左右，来到一家环境还不错的咖啡馆。推开门，走廊上悬挂的风铃发出清脆的叮当声响。她寻了一处临窗的座位坐下，点了一杯肉桂拿铁。咖啡馆老板娘收养的流浪猫，如今已经怀孕。它踱着缓慢的步子，在楚楚脚边绕了一圈，嗅了嗅她的裤脚。于是楚楚在猫咪旁边垫上一个枕头，而猫咪似乎心领神会，舒舒服服地踩上枕头，随后蜷缩成一团躺下。

凝视着猫咪清澈灵透的翡翠绿眼眸，楚楚忽然想起，梦里香诺世界的那位“楚楚”，也有着猫儿一样秀美而灵动的双眼。她记忆犹深的，就是那蕴藏百转千回心路的双眸。那双眼睛是那样幽深，一眼望去，就会无限跌落陷溺。

“惊为天人的美貌，洞察天机的智慧，以及某种隐约可预见的慧极必伤的早夭的命运……”

楚楚在笔记本电脑上缓缓地敲下这一行字，若有所思。

老板娘为楚楚端来新鲜研磨的热咖啡。馥郁浓甜的肉桂香气，一瞬间治愈人心。于是，楚楚又点了一份抹茶蛋糕。对，抹茶蛋糕，她记得那位“楚楚”尤其钟爱抹茶——关于抹茶的一切，比如抹茶味棋格烤饼干、抹茶冰激凌、抹茶夹心起司蛋糕……是的，光是看到那一抹绿，就心旷神怡了。

她有一条绿色的裙子。她穿着绿色的裙子和草编的凉鞋，在庄园外的玫瑰花田里，迎着狂热的夏浪奔跑。她在追逐什么呢？也许是那轮可望不可即的太阳。照耀她生命的太阳。

可是，那轮太阳，最终也沦为吞噬她的黑洞。

楚楚记得自己远赴北京求学的那段时间，一度叛逆地染过金发。她像斯嘉丽一样，穿着齐小腿肚的绿色长裙，裙边支离破碎。她故意用打火机将裙角烧得破碎不堪。被火焰蚕食过的裙子，她穿着它，套上一件黑色皮夹克，然后于凌晨时分，坐上一个男人的摩托车，在京城郊外空旷的街道上兜风。

彼时，她未曾意识到，那有多么危险。那不过是一个认识不过两周的男子，但他们很聊得来，对彼此也没有产生丝毫性方面的兴趣。楚楚并非信任他，她只是过分相信自己。

于是，他带她去郊外玩耍，白日他们在巷子里顶着烈日暴走。饿了就在脏脏旧旧的街头小饭馆里，点几个家常菜，就着蒸熟的白米饭吃。

她那会骨瘦如柴，但食欲非常旺盛，总是感到饥饿。她吃得很多，狼吞虎咽用筷子扒完一碗饭，然后舀第二碗饭的时候，还不忘将剩菜的油汤倒入碗中。她喜欢吃被油汤浸泡得烂软的米饭。

男子只是坐在楚楚对面，看着她像饥肠辘辘的小兽般埋头苦吃，一言不发。他抽烟，一边吞云吐雾，一边看着她，像在看自己的女儿。等楚楚吃饱以后，他主动付款，然后带楚楚走出饭馆。

下午日光盛烈，男子给楚楚买冰镇的老酸奶和冰棒。他们漫无目的地行走在街头，如同白日孤独的鬼。黄昏降临，他又带她去废弃工地。他们站在废墟上抽烟，他替她拍照。他用拍立得相机，机器吐出来的照片上，楚楚的侧影轮廓在金色日光的映照之下，发出灿灿的光来。她的金发在风中凌乱飞舞，被火舌舔舐过的破碎裙角，宛如葬礼上漆黑的蝴蝶萦绕身侧。

楚楚提出要给他拍照，可是男子断然拒绝。无论楚楚怎样劝说，他始终没有答应她的请求。事后楚楚回想，心中会涌起强烈的悲凉。那是后知后觉的惊与恨。

夜晚，他带她去一个偏僻的老旧酒吧，也是俗称花场的地方。在那里，他为她一掷千金，让她挑选了一位中意的年轻男生，上台为她表演。她在台下听着男孩为她唱歌，欢欣雀跃，一个劲鼓掌。他在黑暗中看她，眼眸深处有笑意。他对她，倒不像对待情人的宠爱，反而是对女儿一样的溺爱与纵容。他们和邻桌穿着打扮俗艳的男女一起玩牌、喝酒，直到凌晨。

后来他们走出酒吧，他让她等待一会，然后不知从哪里搞来一辆摩托车。他让她上车，并替她戴上头盔。

“你呢?”楚楚问他。

“我喜欢大片夜风从耳朵灌进脑袋的感觉，如同醍醐灌顶。”他回答道。

于是，他载着她，而她环抱着他的腰。他们骑着摩托车，在亮着昏黄路灯的马路上一路狂飙。

过去还来不及被抛之脑后，未来便已裹挟着黑暗，从前方汹涌袭来。

楚楚只记得那时，她既害怕，又感到莫名的兴奋。她很想永远这样狂奔下去，向着永无止境的世界尽头奔去。

直到一切迎来终结。

于是，在这朝向满月的放肆奔逐之中，她摘下了头盔，凛冽大风瞬间扑面而来，重重砸在她的脸庞，令她感到压抑甚至无法顺畅呼吸。然而心却在那一刻挣脱束缚，逃脱出囚笼。

后来的事情，楚楚只记得模糊的片段。好像有像怪物一样的卡车对他们凶猛咆哮。非常猛烈却也迟钝的剧痛。旋转的黑暗与倒悬的星光。还有那轮硕大的圆月。他颓然倒下的身影。血泊。以及，吞没一切的空白。

再后来，楚楚恍惚记得自己被从北京那边赶来的老师带走。然后，她被送往医院。再然后，她听到老师给远在家乡的父母打电话。那天下着雨，雨声淅淅沥沥，她在漫天雨音中，服下药片木然地入睡。

后来的后来，她再也想不起他的脸。

她甚至连他的一张照片都没有。

她只记得他有乌黑的头发，深邃的眼眸，还有骨节分明的修长双手。

她为何会在今天想起多年前的他？那个不顾一切，载着她想要从这个世界出逃的人。

仅仅因为她看到绿色，想起了“楚楚”的绿裙子？于是，她再度回想起她少女时期的那条绿裙子。被火焰烧灼的绿裙子。黄昏下被镶嵌了金边的绿裙子。

在那一刻，她再度看到那位“楚楚”穿着绿裙子在玫瑰花田里奔跑的情景。

艳丽夭灼的红玫瑰，在晚风吹拂下，翻涌成浪，仿佛燃烧的烈烈火焰。

或者，像极了当年，夜色中他倒下的那处血泊。

楚楚想到这里，指尖忽然止不住地颤抖起来，一种深深的恐惧在心底蔓延开来。好像冥冥之中，有某种隐秘的联系，将她和香诺世界的那个“楚楚”，不，准确来说，是和那个“她”联系起来。

“你到底是谁？”

楚楚在雪白文档界面，敲下这一行疑问的字句。

“你，是我在另一个世界的倒影吗？”

雪白的屏幕喑哑无声。

她默默松了口气。

是的，不过是她内心的自问，又怎能期许得到虚拟世界的回应呢？

此外，楚楚为回想起大学时代那段封缄沉默的晦暗往事而感到些许惊诧，关于香诺的叙述以及对笔下主人公“楚楚”的追忆，竟然令她深深沉落入记忆的汪洋，并探寻到自身意识海洋的深处。

可是，写作依旧无法正常进行，事实上，没写几个字就被迫搁笔的情况，近些时日来愈发频繁。楚楚不知道自己究竟怎么了，只能感觉到胸腔内燃起的无名烈火、近乎绝望的疯狂以及庞大瑰丽的幻想快要将她全然吞没。这股熊熊燃烧的热情，往日能促使她一股脑地输出灵感，如今却无法再转换成如沐的春风和温润的细雨，吹拂过她雪白荒原似的电脑屏幕，并浸染出一行行仿若涓流的文字来。

而她的爱情的命运，也和工作一样受阻。她和辛朗之间凝重沉郁的感情，就好像一块无法疏通消散的浓重血瘀，生生卡在体内，隔着皮肤能看到其表面的紫红色血脉，却无法将其剜去并剔除干净，只因它已嵌进血肉，与这肉身融为一体。

她和他的爱情，总是令她联想到和死亡相关的比喻和意象，也许正因如此，她才会回想起记忆中那个给她拍下照片最后却死掉的男人。如今再回看，她在明白他已经离去并且开始感到抑郁的那段日子，是在遇到辛朗之前，她第一次接近所谓爱情并渴望触碰它。爱情在那段时光里向她张开双翼，并在她身上落下巨大阴影。尽管她并未来得及爱上他，他就已经渡往彼岸，彻底从这个世界逃离。她甚至连他的模样都想不起来。因此，迄今为止，她爱的只有辛朗一人罢了。

喝完咖啡，楚楚将笔记本电脑塞进帆布包里，然后起身离开。回家途中，她给辛朗发信息，问他何时回家。信息发送出去以后，许久未有回音。尽管已经习惯这种状态，就像他们平时聊天一样有一搭没一搭，但在反复的哄劝与冷落之间，楚楚的心开始变得麻木又应激。每当受到冷落时，她便像植物一样，分泌出一种对自己有益的黏液将伤口层层叠叠包裹起来——就像此刻的她，也只是苦笑了一下，这笑容沁着委屈、心酸、不甘与自我安慰，然后她将手机放回衣兜。

楚楚在大街上漫无目的地行走，手冻得冰冷，但依旧时不时留意手机界面是否弹出新的消息通知。一颗赤诚之心就这样毫无保留地袒露着在冬日大街上游荡，擦肩而过的伴侣们映衬得这颗灌注思念与爱恋的心更加孤独落寞，不禁令人感到凄惶与怜悯。

路过一家花店，橱窗里，浓艳如血的红玫瑰娇俏地探着脑袋，仿佛凛冽寒冬中燃烧的火焰一般热烈张扬。楚楚不由得停下脚步，看着那酒红色的玫瑰花束，她忽然无法自抑地想起一些往事。

那一年，她和辛朗初遇的那年。

那时候是夏天，日光如同烈焰火舌，舔舐人裸露的皮肤。楚楚穿杏黄色连衣裙，整个人在炽热融化的太阳的照耀下，宛如一只摇摇欲坠的自燃的蝴蝶，蹦蹦跳跳在音乐广场上走着。她买冰激凌吃，奶油滴落在胸前的衣襟。喷泉池旁坐着时髦的女子，她起身接电话，随后身影渐行渐远。楚楚于是走了过去，想找个位置坐着吃冰激凌。而那个女人离开的地方，刚巧落下一本时尚杂志。

楚楚以为女人不会回来了，毕竟音乐广场上每天都是熙来攘往的游客，想必那个身形高挑的女人也是来此地旅游的。暴烈的日光下，楚楚翻开杂志，然后，她的目光落在杂志内页夹着的一张作废的音乐节门票票根和一本音乐节宣传小册子上。

她饶有兴致地看着这张有些褶皱的门票，然后她看到辛朗的头像和名字，以及一行不超过十五个字的简介。仿佛一瞬间被夺去心神，她迅速翻开了那本宣传手册，最终搜寻到一张辛朗抱着吉他的照片。照片上的男子穿着红黑相间的毛衣和洗得泛白浆硬的牛仔裤，坐在阳光照耀的草坪上，冲镜头微微笑着。楚楚失神地伸出手指，缓缓抚摸过照片上男子线条分明的英俊脸庞，以及他的胳膊，他扣在琴弦上清瘦宽大的手。那一瞬间，楚楚感受到命运的帷幕轻轻掀起了一角。

说来也奇怪，明明是日光暴烈的白天，竟然也在片刻之间下起了雨。方才接电话离去的女人又匆匆赶了回来，楚楚只好将杂志还给她，但是合上杂志的那一刻，她偷偷从内页抽走了那张有着众多音乐人头像照片的门票票根。

浓重的乌云开始占据天空，太阳已经不见踪影。雨下得越发大了，楚楚顶着暴雨，手里紧紧攥着门票，一路将其小心呵护在怀里，尽量避免油墨纸被雨水淋湿。好不容易回到家，楚楚赶紧将门票铺在桌面上，将其轻轻抚平，然而辛朗的头像照片已经被雨水浸透，出现了脆弱的裂痕。

尽管只一眼，楚楚已经无法再忘怀他的模样，但目前，她唯一拥有的，只有这张印有他头像的门票而已，这如何能不珍贵？

之后的那三个月里，楚楚几乎查遍了关于门票所涉及的音乐节信息，发疯似的搜寻网上关于辛朗的寥寥可数的报道。她只知道他长什么样子，叫什么名字，应该是一个音乐人，会参加线下的一些演出活动，除此之外，她再也找不到其他任何资讯，包括他公开的社交账号，如此一来，更别提找到他的联系方式了。自那之后，楚楚格外关注所有音乐节的信息，包括一些知名的 Live House 的演出活动。然而一次又一次地检索节目名单，都没有发现辛朗的名字，到最后，她几乎快要放弃。

说不清到底是命运的捉弄还是眷顾，终于，某一日，楚楚在一个小型音乐演出公布的演艺人员名单上，找到了辛朗的照片和名字。楚楚欣喜若狂，她几乎动用了全部理性来克制自己激动的心情。随即，她在网上购买了那场演出的门票。

那之后，就是她和辛朗的第一次见面了。她和他的相遇，只有她自己知道，不是萍水相逢，而是一场蓄谋已久的计划。

"我不是遇见你的，我是找到你的。"楚楚后来对辛朗骄傲地说出这句话，而他只是费解地眨了眨眼，看着欢天喜地的她，觉得有些莫名其妙。

楚楚特意坐高铁去其他城市的 Live House 看他演出。为了能接近他，她特地准备了一朵红玫瑰。毕竟，初次见面，送一大束花会显得刻意或夸张。她选了一朵红玫瑰，因为她觉得，没有什么花朵能比红玫瑰更具象地表达她炽烈的爱慕了。

那一晚，楚楚换上了一条明艳娇俏的吊带连衣裙和一双细闪银色高跟鞋。她化了优雅的淡妆，将平时高高束拢的长发披散下来，还戴上了珍珠耳坠。她没入黑暗之中，反而如同暗室明珠，熠熠生辉，璀璨夺目，耀眼不可方物。

那一晚，舞台星光洒落，她第一次在台下仰头看向辛朗，看向宛如沐浴天光的神明一般歌唱的他。那一瞬间，她真真切切感受到了命运的帷幕被彻底拉开，帷幕背后黑暗的阴影宛若天幕笼罩住她，就像她恋慕的那个人站在高高的舞台上，舞台的灯光越亮，台下越显得黑暗。也许从那一刻起，一切就已注定——在他们的相遇之后，一个从此站在了光里，而另一个却被黑暗淹没。

“如何能形容我初次见你？如玉山崩塌，如梦里花落。”

楚楚的灵魂深处，那颗名为爱情的种子，在那个夜晚，怦然冒出胚芽来，之后这株嫩芽以惊人的速度疯狂地蚕食灵魂本体的养分，迅速蔓延，直至开出漫山遍野的繁花。

一曲唱毕，楚楚艰难地挤过人群，想要给辛朗献花。她辗转穿梭于人群狭窄的缝隙之间，然而人群实在拥挤，眼见着辛朗就要走下舞台退往幕后，她最终忍不住大声喊道：“辛朗，等等。”

辛朗没有料到会有观众呼唤自己的名字，整个人明显怔住了。他回望舞台，但是小个子的楚楚仍旧被淹没在黑暗中，不过他十分肯定这并非他的错觉，于是，他只是站在舞台的角落里，一只脚踏在通往幕后的阶梯上，迟迟没有走下去。

直到那个少女像一只蝴蝶一样，忙不迭地扑闪着双翅，最终撞进他的眼帘。

“这……这是送你的花。”楚楚喘着气，将手中皱巴巴的玫瑰递给辛朗。楚楚在送出花的那一刻，才尴尬地发现，连花瓣都被人群挤掉了几瓣。

何况，只有这一朵花，没有办法加以修饰或遮掩，于是这朵残败的玫瑰看上去更加可怜兮兮了。

在半明半灭的灯光掩映之下，辛朗高挺的鼻梁与弧线优美的仰月唇显得俊美而迷人。楚楚不敢直视他的眼眸，捏着玫瑰的手也止不住地颤抖。她小声嗫嚅道："你唱得很好听……我……我的花就这一朵，你别嫌弃……"

"你叫什么名字？"辛朗终于开口。

"我叫楚楚。"

出乎意料地，辛朗接过了楚楚手上那朵形单影只的玫瑰，又问道："楚楚，你是第一次来听我唱歌吗？"

"是……是的。"楚楚回答道。

"那你为何想着送我花？"辛朗忽然笑了，低下头问她。

楚楚一时之间不知道怎么回答，尽管穿着高跟鞋，她依旧比辛朗矮一大截，于是，她只得仰起脸，瞪着辛朗，鼓起勇气给出了至今她仍然认为愚蠢而天真的那个答案。

"我……我……我是慕名而来！"

辛朗哭笑不得，只好连声道谢。最后，在他准备回后台的时候，他转过身对楚楚说："那你以后要常来听我唱歌。"

"好。"楚楚很乖地便答应了他。

辛朗听了，浅浅一笑，然后撩开舞台帷幕，走下了台阶。下一位歌手已经登场，与辛朗唱的抒情风格迥异，这位歌手的曲风明显高昂活泼许多，人群开始渐渐躁动兴奋起来。

楚楚重新回到人群，潋滟衣裙淹没在人海之中。她怀揣那颗小鹿乱撞的心，来到吧台，点了一杯名为"西贡情人"的鸡尾酒。

"那时候你还年轻，人人都说你美丽"——鸡尾酒风味是热带菠萝的甜香气息，仿佛拂落了一裙的碎花朵。纯粹而澄澈的青苹果绿，也在诉说着这场热烈、甜美而青涩的初遇。

后来，辛朗从后台走出来，在吧台处他们再次相遇。楚楚还记得当时辛朗点了一杯威士忌酸。他喜欢喝威士忌酸和金汤力，她则喜欢喝偏酸甜风味的鸡尾酒。

他们聊了一会。当得知楚楚专门坐高铁来参加这场活动，只为看他的这场演出时，辛朗深感讶异，但是第一次见面，他们聊得也挺好，于是便交换了联系方式。辛朗又请楚楚喝了一杯"洛丽塔"（黑加仑、朗姆、水蜜桃三种风味交织的鸡尾酒），随后便以次日排练为由起身离开了。

也是在那一晚，楚楚知道辛朗其实是一个在圈子内小有名气，但并不为大众所熟知的音乐人，常常接各种商演活动，也因此长年辗转于国内各地，是一个长期在路途上漂泊的人，居无定所，不受束缚。

与照片上的阳光帅气不同，现实中的辛朗身上有淡淡的阴郁气息，但这因此令他的美貌更加具有致命的吸引力，也使他整个人呈现出一种暧昧不明的复杂气质。

总之，无论如何，楚楚早在见他之前便已倾心仰慕许久，在见过辛朗之后，更是无法自控地坠入爱河了。

关于玫瑰的记忆，并不只是那一朵。

只是，回顾那场玫瑰色泽与夜晚酒精交织的初见，楚楚总是因其特有的对爱情近乎狷狂痴迷的热忱而感到内心震颤，以至于难以忘怀那朵破败的玫瑰。爱情仿佛迷雾深处散发芳香的洞穴，诱人无限趋近，直至跌落陷阱。

再后来，她与辛朗在网络上聊天，彼此渐渐熟悉。她开始写稿赚钱，并跟随辛朗辗转各个地方，只为做一个在台下为他鼓掌的观众。他们的足迹如同双生血脉，在国内版图上流淌蔓延，仅仅两三年时间便相互交织重叠在一起，宛若共生。

在某年初夏的音乐节正式演出之前，她告诉辛朗，她为他准备了惊喜。

辛朗那一瞬有些慌张，情不自禁将内心的疑虑脱口而出："该不会是求婚吧?"

一旁的小璐撞见辛朗大惊失色的模样，不禁笑岔了气，捂着肚子跑出排练场地去呼吸新鲜空气。楚楚则羞赧且尴尬地摆摆手，只连连说道："怎么会、怎么会呢……"

不过是为他订了一大束玫瑰花罢了。酒红色的玫瑰花束，被镶嵌着小珍珠的黑纱裹拢着，十分好看。可是，当楚楚穿着白色连衣裙，捧着那束珍珠黑纱玫瑰，在众目睽睽之下，将花束递给辛朗的时候，那一瞬，她清楚真切地看见辛朗脸上没有丝毫喜色，甚至闪过一丝恐惧。那是一种不想面对热情猛烈的真实并且企图立刻逃走的悲哀与怯懦，这恐惧的神色像是掠水而过的蝴蝶拂过他的脸庞。

尽管那一丝神色转变快如闪电，他很快恢复镇定，可是楚楚还是在那一刻瞧见他内在的本质的真实。她隐隐约约感觉到某种悲凉无情的命运的逼近，她开始意识到眼前这个自己深爱着的男人，骨子里凉薄而软弱。

那片刻之间在她眼底浮现的一丝震惊，想必辛朗也尽收眼底。他是敏感聪慧的人，自然捕捉到了楚楚情绪的瞬息变化。他们都在玫瑰的见证之下，被彼此窥视到真实的内在，但他们却在心知肚明的情况下逢场作戏，互相知道对方的伪装却不予以拆穿。

“给，这是送你的玫瑰花。”楚楚依旧微笑着将花束递给辛朗。

辛朗惶恐不安，他磨蹭着用手在裤腿上擦了擦，这才慢吞吞地接过玫瑰，道了一声谢谢。

他看上去焦灼而紧张，时不时用余光打量周围人。身边一众化妆的演员和歌手们似乎对这一幕视若无睹，只是淡淡瞟了一眼，复又投入自己手上的工作。可是辛朗依旧不停地咬着嘴唇，最后他说了一句：“楚楚，跟我来。”

于是楚楚跟随辛朗一路走出排练室，又沿着楼梯走出地下一层，最终来到地面上。这里是废弃工厂改造的音乐公园，锈迹斑斑的烟囱和水泥灰色的墙面仿佛岁月沉默的墓碑，在古老的日光下静静地凝视着他们。

“女生送男生玫瑰，是有什么寓意吗?”停住脚步后，辛朗认真地问楚楚。

楚楚一下子愣住了，旋即感到羞涩，只觉难以启齿——她当然不可能在这个时候跟他说“我爱你”三个字。尽管午后的阳光静谧得像是凝固的透明胶体，人间四时仿佛不曾流转，而是在此刻默然停歇。远处人影绰绰，周遭张灯结彩，喧嚣声此起彼伏，但这一切似乎都离他们很遥远。

“那一刻，世界只有云，只有风，只有你，和我。”

楚楚憋了老半天，才从牙缝里挤出几个字来，磕磕巴巴地说道："那是因为……因为我喜欢玫瑰。"

这算什么答案？

可是，她还来不及懊恼，辛朗便重重叹了口气。楚楚惊诧而慌乱地抬起头，如同小鹿一般用水汪汪的眼睛警惕又胆怯地看向辛朗。

辛朗淡淡说道："你不该送我玫瑰的，楚楚。"

"为什么？"

"这里人多眼杂，你可以私下送给我……私底下你想要怎样都可以，但你不该当众给我这个礼物，尽管我知道你是好意，但这会让我尴尬和难堪……你知道这些艺人有多八卦吗？你知道他们会怎样议论我和你吗……你根本就不知道那些话会有多难听……"

楚楚彻底震惊了。她只觉得手脚开始失去知觉，脸上一阵滚烫又一阵冰凉，就连吞咽唾液都变得艰难阻塞。

"我……我……"楚楚一时之间竟说不上话来。彼时，她已经为辛朗默默付出了整整一年，并为此赴汤蹈火，不惜花掉自己一大半的积蓄，只为了多争取一些机会和他相处。她可是为他跨越重重山海，为了见他，她这一年辗转了多少个城市啊！

可是，他竟然拒绝她了……

楚楚努力控制自己，不让眼泪落下，但终究还是不争气地红了眼眶。

辛朗见状，一时语塞，愣了愣，话锋一转，复又安慰道：

"既然你都送了，我又岂能退回？何况，大家也都看见了。可是，楚楚，我在演出结束之后就要去机场，这一大束玫瑰我就不带上飞机了。你把它带回家，找个花瓶，替我好好养着，可以吗？"

楚楚抿了抿嘴唇，深呼吸了一口气，然后点点头，说道："好，没问题。另外，我不是有意给你造成困扰的……"

"我知道。"辛朗垂下眼睫，以此掩饰自己眼眸中一闪而逝的哀伤与无奈。

阳光安静地在地面流淌着，光阴化作纤细的飞尘在空气中悬浮并闪烁细碎金光。辛朗抱着玫瑰花走向通往地下排练室的道路，他的影子在阳光下拖得很长。楚楚凝望着他远去的背影，仿佛这一幕是阴影浓重的油画，透着一股隽永的意味。他微微驼背的高大清瘦的背影，呵，她深爱的成年男子的背影，仿佛要融入这黄油般融化的阳光中。光线如此刺眼，可是微风又如此和畅，以至于她在那一瞬仿佛窥见另一种未来。

那就是她和他在一个阴暗破败的牢房里翻云覆雨。

尽管这场意象一闪而逝，可是她依旧深深为此迷醉并感到眩晕。

于是她提起碎花小白裙的裙裾，跟随他重新返回地下一层。

那束黑洞般的黑纱玫瑰被放置在堆放艺人杂物的梳妆台上，显得格格不入。不时有女艺人走过来，瞧一眼后，以一种并不在乎的语气惊叹道："哟，这是谁送的玫瑰花啊？看起来应该有九十九朵吧！”但她们其实并不好奇玫瑰花的主人究竟是谁，只是习惯性地发出感叹，甩下两句俏皮话以后便嬉笑打闹着离开。

辛朗为何要在意这种毫无意义的言论？

郁闷的心情仿佛阴霾盘踞心灵的上空，直到夜幕降临、华灯初上之时，随着音乐节盛大的开场，才伴着鼓点节奏分明的欢快音乐一扫而空。

震耳欲聋的音乐浪潮，五光十色的舞台灯光，精酿啤酒喷涌雪白清爽的泡沫，一切都是如此振奋人心。她被淹没在黑压压的人潮之中，努力仰起脖子，恰如初遇的那一晚，实际上，每一次都如同第一次那样，她仰着脖子，努力地沐浴着她的神明洒落下的光芒。

可她清清楚楚地记得那一次，辛朗发挥失误，唱跑了调，台下为之哗然，尽管中途他又再度恢复状态，以极其华丽的声线完成了下半首的演唱，可是在他鞠躬后退场的那一瞬，她还是目睹了那黯然转身的背影后竭力隐藏的不甘与懊恼、气愤与羞耻。

她深知辛朗是多么骄傲的一个人，他的自尊心又是多么脆弱，于是心下暗道大事不妙，可是当她费尽力气挤出汹涌的人潮，来到后台时，辛朗早已不知所踪。楚楚立刻拨打辛朗的电话，但是电话那头却传来关机的提示音。

慌乱之下，楚楚又拨通了小璐的电话。可是人声喧哗，小璐大约是没听到响铃声，因此一直没有接电话。

楚楚叹了口气，抬眼寻找辛朗的背包，这才发现座椅处早已空空荡荡，这也说明辛朗离开了表演场地。然而玫瑰花还在，与其说“还在”，倒不如说它被辛朗彻底遗忘和抛弃了。楚楚忍住眼底翻涌的酸涩泪水，颤抖着伸出手将那束玫瑰拢着，抱在怀里。巨大的花束几乎要将她的脸庞淹没。

她抱着玫瑰，在瑰丽的夜色之中，孤独地远离人潮，走向了无人洞悉的迷雾深处。

那一晚，她彻夜未眠，也几乎走遍了市区中心，尽管她也知道这样徒步是徒劳无功的，可是她不知道该怎么做，她只能静静等待，但是辛朗的不告而别如何让她冷静，在他杳无音信的那一夜，她只能依靠疯狂的行走来释放自己内心压抑已久的苦闷与心酸。

终于挨到清晨，她重新回到辛朗下榻的酒店，最后在大堂沙发上抱着黑纱玫瑰沉沉睡去。直到小璐努力推搡着叫醒她时，她依旧疲惫得睁不开眼，只是双眼蒙眬惺忪地看着小璐，小声地喃喃着辛朗的名字。

“楚楚，你别太担心他，他也是个成年人了。今天下午他还要去机场，他会回来的。”小璐劝道。

“我怕他再也不理我了……”楚楚的声音沙哑而无辜，带着玻璃般易碎的脆弱，仿佛一触即溃。

“我向你保证，要是今天中午他还处于失联状态，我们立刻报警……放心吧，你等了他一晚上，都没怎么休息，来我房间里睡会儿吧。”

小璐看着黑眼圈深重、面容憔悴的楚楚，只觉得心里不是滋味，于是劝说楚楚去自己房间休息。

楚楚没有说话，只是闭着眼睛点了点头，然后任由小璐扶着，踩着有如刀刃般硌脚的高跟鞋，迈着沉重乏力的步子，跟随小璐进了酒店电梯。一进房间，楚楚便倒在柔软的羽绒被上，沉沉睡了过去。

在睡梦中，她依稀能看到一些并不属于自己人生回忆的画面，走马观花般从眼前一闪而逝，仿佛水中漂浮的花瓣，褶皱纹理被水渍慢慢浸透，并最终随波逐流，消逝在意识长河奔流的远方。

她在梦里品尝到新鲜甜美的桃子，果实硕大而丰满。

她看见自己和辛朗在烈日骄阳下，行走在密林草丛之中，彼此温情地凝视。

她还感觉到冰凉的水流淌过自己的身体，在波光粼粼的水下她能看见辛朗矫健的身姿仿佛海豚一跃而过。

她看到许多许多，光怪陆离又糅杂难辨的意象。

她在梦里意识到自己陷入某种梦魇的幻境，并因此痛苦地发出呢喃声，直到一双温凉的大手轻轻将她的身躯从床上扶起来。

于是，她艰难地睁开眼睛。辛朗英俊的脸庞映入眼里，逐渐从模糊变得清晰。

"你做噩梦了。"辛朗轻声说道。

小璐本来是站在辛朗身后的，她张了张口，原本想告诉楚楚，辛朗回来了，但是见到此种情形，也似乎明白了什么，于是知趣地退出了房间，并静静掩上了房门。

楚楚皱起眉，有些懊恼地别过脸去，不理会辛朗。

“楚楚，你别这样。”辛朗说道。

“我就是生气。”她孩子气地说道，并伸出手，用手指梳理了一下自己凌乱的发丝。

“我昨天心情不好，去找以前的朋友喝了点酒，没想到喝醉了。我以为你看完演出就回家了，你父母家不是就在这个城市吗……”辛朗解释道。

“你应当告诉我你去干吗了，而不是玩消失！你知道我担心你整整一晚上吗？”楚楚转过头，红着双眼瞪着他，质问道。

可是这份质问经不起任何的考验，她的眼神接触到辛朗，便不自觉地躲开了。

她究竟为何胆怯？为什么连直视爱人的双眼都做不到？

玫瑰静默不语。黑纱的笼罩下，玫瑰不再热烈如火，反倒显得凄艳肃穆。

“我没有联系你，是因为我的手机没电了。”辛朗如此解释道。

而她早已在眼神的对峙中败下阵来。于是她说道：“好吧。”

接着，她又转移话题道：“你是打算下午去机场吗？”

“对。现在已经接近十一点，我吃完午饭就过去。你呢？”

“我……我准备回父母家。”

辛朗听后，如释重负般点了点头，缓缓道：“那样挺好。你什么时候回去呢？小璐这边马上要退房了。”

她多想告诉他，她希望和他多待一会，哪怕一顿饭的工夫。可是他很明显在催她快些离开了。

无所谓，反正这颗心早已千疮百孔，就差一把烈火将它焚烧成灰烬。

楚楚默不作声地从床上下来，安静而木然地走到床对面的书桌前，将桌上那束玫瑰花捧起。辛朗仿佛意识到楚楚猜测到了自己的心思，于是也略带不安和局促地站起身来，对着楚楚的背影说道："我送送你吧，楚楚。"

"嗯。"楚楚应了一声，然后推开门走了出去，辛朗就这么一直跟在她身后，从电梯到酒店大堂，再从大堂到人行街道，直到楚楚坐上一辆绿色的计程车。

"楚楚。"正当她准备坐进车厢时，辛朗忽然叫住了她。

她有些迟疑和不解地回头看向他，而他只是俯下身，掀开笼罩着玫瑰的黑色绢纱，如同在婚礼上温柔地掀开新娘的头纱。然后，他从中抽出了一朵最艳丽的玫瑰。

"玫瑰我收下了。谢谢你。"他晃了晃手上那朵孤零零的玫瑰，就仿佛他是第一次收到她赠予的玫瑰一样，温和而腼腆地笑了笑。

楚楚也笑了笑，淡淡说了一句："再见了。"

然后她坐进车厢，关上了车门。汽车启动，开始朝前行去。汽车速度越来越快，辛朗的身影瞬间被远远抛至身后。

楚楚带着难以割舍的眷恋，隔着车窗，久久地回望着那个手持一朵玫瑰，并且离她越来越远的男子。

只见他深深埋下头，认真地嗅闻着手上的玫瑰，仿佛在虔诚地亲吻这朵寄寓着二人悲情宿命、充盈着痛苦的爱情血液的花朵。

那一刻，楚楚的眼里终于落下泪水。

可是这辆车仿佛命运一般，载着她飞驰向前，把过去重重甩在身后。命运的轨迹由不得她希冀能够重回过去，再度飞蛾扑火。辛朗的身影越来越渺小模糊，并最终消失不见。

可是他在路边拿着红玫瑰久久伫立并越来越遥远的画面，却永远在楚楚的生命里循环播放。

在那一刻，楚楚明白了什么是离别和轮回。

道一声再见，一生只一会，轮回之中，再没缘分。

2

过往那些纷繁的记忆恍若风吹花落，零零落落覆了楚楚一身。

直到花店老板见她久久伫立在门口，终于忍不住走出来招呼她时，楚楚才从回忆的深海中漂浮上来，探出脑袋，猛地吸了一大口空气。

然后她走进店里，挑选了一些红玫瑰、冬青和千层金。她记起家里还有花器，索性做一些插花作品吧。花店老板将这些花材和叶材用复古风格的报纸简单包好以后递给楚楚，她爱惜地接过，付了钱以后便离开了花店。

无论如何，无论欢笑抑或痛苦，往事已经随风而逝，难道不是吗？重要的是此刻。尽管此时辛朗并不在她身旁，但是她依旧明确他们仍然在一起的事实。说起来仍觉做梦一般，毕竟这是过去的她想都不敢想的事。

楚楚又散步去超市买了些肉类与时蔬，然后拎着大包小包，在暮色来临之前回到家中。趁着夕阳西沉天光将落欲落之前，她找出柜子里深藏的幽墨色泽的陶瓷水盘花器、剑山以及花艺剪刀。先将剑山放在扁圆的黑色花器中，然后把千层金的枝干和玫瑰的花枝一一剪短，再将千层金和玫瑰固定在剑山上，如此做出基本花型来。在此之后，用修剪得小巧玲珑的冬青做花叶空隙的填充以及剑山底部的填充。最后，把清水注入圆盘花器之中，如此便完成了一个典雅别致的插花作品。

楚楚感到自己的心沉静自若，有清凉的喜悦在心底流淌。这是难得的抛却往事而只沉浸于当下的喜悦。恰巧此时，辛朗回复了楚楚，称自己办完事情过会儿便回来。

楚楚内心雀跃，连忙往柚木餐桌上铺开杏白色细苎麻桌布，又小心翼翼将方才做好的浓艳风情又不失古典气韵的插花作品端至长方形桌面的三分之二处摆放好。随后，她欢天喜地地换上睡衣，走进厨房，开始准备今天的晚餐。

辛朗难得赶在晚餐前回家，于是楚楚更想抓住机遇，做一顿美味佳肴讨好自己的心上人。她忘我地陶醉于这洗手做羹汤的劳碌之中，并且为这等待中蕴藏的确切希望而深刻体悟到平凡生活中的点滴幸福。尽管厨房窗户大开，冰冷的冬日空气大片灌入，但她丝毫不觉寒冷，脸上反而热烫。

太阳逐渐向西沉落，橘金色的暮光洒落窗畔，映照得空气中金色纤尘飞舞，好像袅袅升起的闪亮碎钻。这些精灵般微尘是如此可爱，至少此刻，在楚楚眼中，一切都是可爱的。

不知道辛朗回家看到那水盘中的红玫瑰，会否想起曾经的那些事。楚楚一边守着炖牛腩的汤锅，一边思忖道。

天色彻底暗下去的那一刻，辛朗也终于回来了。与往常一样，他看上去很疲惫，但又有不同的地方，那就是一双眼睛发出老鹰般灼灼逼人的兴奋光彩。他推开门，还没来得及换鞋，便径直奔向楚楚。楚楚吓呆了，手上捏着的汤勺都啪嗒一下掉在了印着鸢尾花的白瓷砖地板上。他冲过来的模样就像扑向猎物的某种俊美而凶猛的野兽，这种攻击性在天色暗沉下去的那一瞬令他的双眼更亮了，也更加富有攻击性和男子魅力了。

他大步走向她并且紧紧抱住她，弓着腰，脸埋在她的头发里，像只动物似的在温暖的巢穴里蹭来蹭去。楚楚呆愣在原地，不解又慌乱地问道："辛朗，你怎么了？"

他发出低低的笑声，滚烫的鼻息吞吐在楚楚的脖颈和耳畔，半晌才抬起头，正视着楚楚小鹿般清澈又无辜的双眼，笑着说道："楚楚，我有一个好消息告诉你。"

"什么好消息？"楚楚问道。不知为何，那一刻她的脑海里闪现过曾经辛朗大惊小怪地发出"该不会是求婚吧"这般傻气的疑问。

"琳赛那边帮我争取到了发行专辑的机会。楚楚，你知道这意味着什么吗？我辗转这么多地方，如今总算可以有属于自己的作品！”

“真的吗？那太好了！”楚楚也跟着欢呼道。

辛朗再度拥抱她。她于是把脸埋进他宽阔的胸膛，深深地呼吸着，透过毛衣暖融融的触感，吸吮属于他肌肤的气味。

辛朗是真的高兴，他的眼里闪烁耀眼夺目的光。楚楚很难得见到他在现实生活中神采奕奕的模样。虽然这则好消息与她无关，可是见他开心，楚楚也开心，尽管这喜悦中掺杂了一丝无奈和失落。

昔日的郁郁寡欢仿佛一扫而空，辛朗很快注意到楚楚摆放在餐桌上的美味佳肴，于是开心地拉过楚楚的手，走到饭桌前，夸赞道：“我竟不知你的厨艺这样好。”

“你快尝尝看，冷掉了就不好吃了。”楚楚连忙折返回厨房，拿了两副碗筷回到餐桌，将餐具摆好之后，她立刻用筷子给辛朗夹了一大块汁水丰富、肉质鲜嫩的牛腩。

辛朗也欣然接受碗里的食物，尝了一口便连连说好吃，又招呼楚楚坐下一起吃。他显然没有注意到餐桌上那盏花（而只是陶醉于自己的那份欣喜之中，餐桌上楚楚精心烹制的美味佳肴不过是恰逢其时的锦上添花）又或者注意到了，但并不在意，以为不过是楚楚做的桌花装饰，更别提联想曾经的旧事了。

玫瑰，在他眼中，就只是玫瑰而已，并不具有什么特殊的含义。但对楚楚而言却不一样，与辛朗相关的一切事物，都在回忆中逐渐演变为种种象征性的符号，比如玫瑰，又比如思念他的时候聆听的音乐、所有热带水果风味的鸡尾酒、清淡素食、吉他、舞台灯光、帷幕……甚至是颜色，比如说黑色，辛朗的衣服大多是冷淡肃穆的黑白色系，可是他又说自己莫名地眷恋克莱因蓝，尽管他的所有服饰和生活用品中都寻不见一丝蓝色的影踪；另外，他只喝美式咖啡，不加糖；他平时演出时会戴一条长至胸口的银项链，私底下则在左手无名指位置戴着楚楚赠与他的一枚银戒，他的这些零碎的习惯以至于令楚楚在看到所有酸性潮流风格的银饰的时候，都会想起他。

“专辑什么时候开始制作呢?”楚楚一边吃着香煎三文鱼，一边问辛朗。

辛朗抿了一口香槟杯中的加拿大冰酒，说道：“这也正是我想跟你说的，楚楚。我可能要去外地一个月，这段时间要录制单曲，还要拍摄宣传照片和视频。”

“也就是说，这一个月你都在外面……”

“是的，而且会非常忙碌。”

“那你什么时候出发呢?”

“明早就走，行程很紧张，琳赛安排事情一向如此。”

楚楚听闻辛朗这样一说，不禁放下了筷子，怔怔地看着辛朗。

不是没有反应过来，而是那一刻她不知道该做出如何反应。

辛朗心中最隐忧的恐惧，就是楚楚这么看向他，长久地看向他，尽管他知道她是因为不知所措而看向他，但他依旧愧对这样好似受伤的凝眸。

他不由得皱眉，瞬间严肃起来，他冷冷地道："楚楚，别用这样的眼神看我。"

楚楚捏着筷子的手禁不住抖了抖，但她很快恢复了镇定，只淡淡说了句抱歉，然后便埋下头，用筷子猛扒着碗里的饭。

辛朗见此情状，知道楚楚的情绪又开始不受控制地泛滥，也知道她在竭力压制这种情绪。于是，他的心里开始翻涌一股说不清道不明的滋味。原本欢乐的气氛维持了不到半小时，又再度陷入曾经的那种尴尬与沉默。

他们面对面坐着，各自一言不发地吃饭。用完餐后，辛朗似是十分疲倦，进了卧室便直接脱了衣服，钻进被子里陷入深沉的睡眠。

楚楚洗碗完后，在面对餐桌上那些冬日里娇艳欲滴的红玫瑰时，犹如看到孤芳自赏的自己，不禁顾影自怜。她用手指轻轻抚弄着花瓣，流下眼泪，但在指尖触及玫瑰柔嫩的花瓣时，楚楚想到即将远行的爱人，忽觉身体内部情思涌动，万般不舍与眷恋，以及某种不堪的欲望宛若洗澡时封闭浴室里的水蒸气一般弥漫开来。

她从剑山上取下一朵玫瑰，用手指拈着玫瑰花枝，轻手轻脚地推开卧室的门。辛朗在黑暗中安静而香甜地睡着。楚楚轻轻拧开了床头柜上台灯的螺旋式旋转开关，台灯散发出朦胧暧昧的橘黄色光晕。

楚楚背对着辛朗脱下毛绒睡衣，然后从衣柜深处挑出一件蕾丝花边的白色吊带睡裙换上。由于辛朗一向不爱将室内暖气开得太大，因此楚楚裸露的纤白双腿冷得微微颤抖，鸡皮疙瘩一瞬间凸起冒了出来。

她长长地舒了口气，然后快速掀开被窝一角，像一只海豚钻进海水里一般，灵巧地滑进了被窝。接着，她拿起搁置在台灯下被映照得发光的那朵玫瑰，用花朵不停轻扫辛朗的脸庞。她凝视着他的睡颜，犹如曾经的每一个夜晚那般怜惜又珍重宝贵的此时此景。

辛朗的眉头微微蹙起，含含糊糊地嘟囔了一声，然后翻转过身体。楚楚继续用玫瑰花逗弄着他，她手中的玫瑰，就仿佛她渴望降落于他身体之上的亲吻一样，一点点试探着靠近，去撩拨他的每一寸皮肤，刺激他的每一根神经。

直到玫瑰的吻朝着腰间以下游走时，辛朗才略带警觉地睁开惺忪的睡眼，翻过身来，一把捏住楚楚裸露着的温热的胳膊，轻声呵斥道："楚楚，别闹。"

她将玫瑰遮挡在他那双仰月唇的唇珠位置，娇俏地眨眨眼，闷声闷气地说道："刚才吃饭的时候我不该那样，我错了……"

辛朗早已习惯她如同任性孩童似的脾气发作以及事后无辜又真诚的原谅恳求，因此只是舒了口气，淡淡道："这些都是小事，我要睡觉了，你也快睡吧。"

说罢，他正欲侧过身，背对楚楚继续睡觉，而楚楚却罕见地以一种坚定的力道扳过他的肩膀，随后她翻身跨坐了上去。

昏暗的光线下，他就这么仰视着这尊纯白的观音。楚楚如瀑垂落的黑发与松松垮垮的腰带在玲珑曲线间低吟浅唱。她俯视着身下这位自己深爱的男子，仿佛第一次意识到身为女性这一生理层面的身份觉醒。而他，仿佛也意识到了这一点。他好像是第一次这般长久地凝望着她，并且真真正正地"看见"了她。

这绝不是错觉，于是楚楚难以自控地俯下身，低头亲吻他。

他顿时睡意全无，情不自禁地伸出手环抱住楚楚纤瘦的身体。在他们相拥的那一刻，他只感到她浑身滚烫而炽热，像是一块烧红了的烙铁，如此火热以至于他不敢触碰她。

他触及她身体的指尖像是弹钢琴一样在她的睡衣褶皱里游走，尽管她温热了他，并且以一种猛烈热情的攻势渴望点燃他这块长年孤寂的寒冰，但他依旧努力忍耐并且犹豫不决。

可是楚楚却已开始倾诉衷肠。

"我舍不得你走。"她说道。

在她说出这句话时，已然因为这身体内部爱情欲望的饱满涌动从而饱含痛楚的热泪。

"我们要分开这么久……又将是音讯寥寥的一次离别……"

"我是多么爱你啊……我爱你始终如一……"

她清楚地知道自己在把全部的自我交给另一个人，不仅仅是肉体，还包括她的生命。可是她甘之如饴，无怨无悔。

这是“玫瑰”赋予的勇气——她从未如此大胆过。

比起昔日的遮遮掩掩，这一回，在他的脸庞被她垂落的发丝阴影覆盖的刹那，她的脑海里不合时宜地闪现过数年前死去的那个男人——这是因为辛朗试图用那双似曾相识的骨节分明的手遮住自己努力克制爱欲的眼眸。

她褪下了衣衫，雪白的身体在暗夜里宛如羊脂玉雕，显现出一种神圣的魅力来。

就在她以为他坐起身来是为了抚弄、亲吻和拥抱她时，他却只是垂下眼睫，艰难地替她重新披上自己的睡袍。

楚楚睁大了眼，近乎惶恐和绝望地看向辛朗。

终于，她颤颤巍巍地发出最后的诘问：“为什么……”

“为什么啊？！”她怯怯地用手扯着辛朗的袖子，摇晃他的肩膀，而对方只是冷静地将她的手指扳开，徒劳无力地想要回避。

“楚楚，我很累了，明早还要去机场……”辛朗不知道该以怎样的目光看向她，于是索性低头解释了一句，然后他倒下身来，侧过身拢了拢被子，试图入眠。

“这只是借口……你不喜欢我才是真正的原因，对吗？噢，不对，你作为一个男人甚至不愿意碰我，你是讨厌我的吧？”

楚楚只觉浑身发冷，她止不住地颤抖起来，连声线都渗透着绵密的恐惧。

“楚楚！够了！”辛朗翻身坐起来，大喝一声，脸上现出愠怒的神色。其实，更准确地来讲，这是一种恼羞成怒的神情。

“你还要自轻自贱到什么时候？！”他怒吼道。

不是因为被误会缺乏男子本能的魅力而恼怒，而是因为楚楚完全没有看到他内心努力压抑的复杂感情，反倒是不断地去贬低她自己——这才是他为之真正生气的原因。

除此之外，对她的感情中，早已包含某种保护她的纯真的责任感，可是她却不能明白。

楚楚从未见过辛朗这样朝她大吼，一瞬间吓得尖叫起来。她像只触到弹簧夹的兔子般迅速跳开，裸露着双腿蹲到床角，开始颤抖着呜咽起来。她的双眼血红，充盈着不甘、委屈、悲伤以及某种深深的恐惧。

“楚楚……”

辛朗瞬间回过神来，他迅速冷静下来，可是楚楚已经吓坏了，她跳下床，害怕地大哭起来，一双杏眼放肆地涌流着痛苦的泪水——这是自尊心被严重挫伤而流下的眼泪。

“对不起，楚楚，抱歉……我刚才不该吼你……”

他慌乱了，心疼了，于是他下了床，试图去拥抱这个战战兢兢的女孩，而女孩只是一个劲地后退，不停地摇头，眉宇之间凝结着再也运化不开的心碎的苦痛。

“我……我就像个小丑……在你面前……”

她哭泣着，褪下睡袍，在他面前全然暴露自己，含泪哽咽道：“我不是你想要的那个……连身体都不是……”

说罢，她默默地捡起方才胡闹时散落在地上的衣物，一件一件地穿上身。

辛朗一下子警觉起来，一把拽住楚楚的胳膊，问道："现在都是晚上了，你穿外套做什么？"

"离开你。"楚楚强忍住泪水，昂起头看向辛朗，坚定地说道。

"别赌气了好吗？这样做有什么意思呢？深更半夜你能去哪儿？"辛朗无奈，只觉得气氛沉重得要令他窒息，他觉得再这样下去他也快崩溃了。

"不用你管！"

楚楚狠狠地甩开他的手，提起置物架上的背包，不顾一切地冲出了房间。

夜色深浓，寒风刺骨，这一晚似乎要下雪。

楚楚背着黑色双肩背包，漫无目的地游走在空荡寂寥的冬夜街头。拎出来的背包中有笔记本电脑，纸巾，一块全麦面包，一本书，香烟，充电数据线以及日记簿和钢笔。这沉甸甸的背包里是楚楚生活中不可或缺的必需品。

辛朗并没有追出来。也许是她跑得太快，他没有找到她——她只能这样安慰自己。

但可能性更大的真相是，他早已厌倦她执拗得近乎疯狂的孩子气了。

回想方才那香艳的一幕，她浑身都不自觉地打起寒战，仿佛被电流击中一般颤抖着，浑身酥麻，无法自拔。但转瞬之间，这股令人心潮涌动的如同泡泡般膨胀的快感就被辛朗淡漠的动作和劝慰的语气戳破，然后迅速化掉了。

楚楚只觉得无地自容，带着一种说不出口的沮丧和难过，羞耻得几乎想要立刻消失在世上。

她一边流泪一边朝前走着，路过一家二十四小时开放的书店，于是走进去歇歇脚。她毫无睡意，点了一杯巴旦木拿铁咖啡之后，便打开随身携带的电脑，开始写作。

仿佛是因为现实中的创伤与挫败，这一回，她的想象力更加缤纷流彩。是的，“楚楚”——只有那个如镜子映照的孪生世界中的“楚楚”，才能给灰败现实中的自己带来一丝温暖真切的抚慰。

因为，至少在香诺的世界里，她知道“楚楚”和“辛朗”是相知相爱的。这并非出自她的想象，而是她“拖动”“楚楚”的人生进度条，在庞大纷繁的回忆中目睹的。

如果现实不尽如人意，那么镜像世界中的自己获得圆满的爱情也是值得欣慰的。

窗外，雪花开始扑簌簌从天空落下。

暖气萦绕的书店里，彻夜的灯火照明之下，楚楚文思泉涌，手指在键盘上快速敲击，雪白的电脑屏幕上开始浮现一行又一行的文字。楚楚喝干了咖啡，目不转睛地投身写作，放任自己绚烂如梦境的意识在文字间流淌。她就这么一口气写到了凌晨，才感到眼皮沉重得抬不起来。一股强烈的睡意席卷上来，于是她伏在桌面，沉沉睡了过去。

而她并不知晓的是，在目前已经完成的文字作品中，峰峦叠嶂般绚丽如织的香诺世界的画卷，在镜像世界中徐徐展开。

香诺。

提及这个世界，便只觉一团光影蒙昧，其意象之复杂混沌和光怪陆离，有如鼻子嗅闻到玫瑰、百合、马鞭草、柠檬、覆盆子以及各类芳辣刺鼻的香辛料混合在一起的复合型气味一般匪夷所思却又陶醉沉迷。

这里混杂聚居着肤色、信仰、民族皆不同的人们，由于刻在骨子里的对异族人的防备，因而古老街区总是充斥着打架斗殴、盗窃抢劫甚至每逢一个季度都会爆发两三次的擦枪走火事件，但这里的人们似乎对这种混乱与肮脏习以为常，就如同习惯每日高悬于顶的烈日一般。无论外界如何动荡，又或者街区如何贫穷，香诺妇女们的身上总是透露出一股不卑不亢、安之若素的坚韧与美丽。她们照常裹着花色斑斓的头巾，领着孩子逛集市。男人们则穿着粗布衣衫游走于大街小巷之间，为政府出资修建的寺庙、礼堂、政事厅等工程出卖体力或者推着小车贩售各类瓜果蔬菜以及一些稀奇古怪的博贵族们眼球的小玩意儿。

由贵族任命的总督统领自己所管辖的区域，在辖区内享有绝对的权力，而贵族们因对平民避之不及从而居住在遥远但丰饶的庄园地界。作为连接贵族和平民之间的纽带，总督府位于庄园与平民街区交界的位置，但这并不妨碍有亲善平民或者好奇心浓烈的贵族亲眷，开着敞篷汽车，招摇过市地在贫民窟穿梭，只为一睹民间集市上热闹的杂耍戏，又或者只是为了勾引一些少不谙事却又心比天高的贫穷而漂亮的姑娘们。

香诺没有所谓的四季更替。由于天气越来越热，太阳始终高悬于天穹，这里于是只有黑夜与白昼、雨季和旱季之分。雨季来临之前，姑娘们总是成群结队去买冰激凌，然后一边舔着冰凉甜蜜的奶油，一边嬉笑着路过公立中学的操场外围，故作自然地瞥向操场内正在上体育课的男学生们。巷子里的花店也纷纷把将欲枯萎的玫瑰大捆大捆地拎出来，倒悬在门口的树上曝晒。

旱季太阳毒辣，由于楚楚父亲的发明，一种名为墨镜的遮阳眼镜起初在贵族之间流行，后来渐渐在民间普及开来。因此尽管日光暴烈，妇女们也非常愿意出门，主要是为了在众目睽睽之下展示自己的潮流装扮。在当时，头戴真丝花色头巾，鼻梁上支挺着奶油白色边框的墨镜，再穿一条灯笼短袖样式的碎花连衣裙，可谓是时髦得不得了的装束——也是新时代前卫女性的象征。毕竟香诺女性即使在旱季，也穿旧王朝时代宫廷风格的长袖衣裙，从不见谁露胳膊来着。但是王朝如今已然覆灭，皇帝被彻底消灭，可遗留的贵族血脉依旧遍布香诺大地，这些王爵的后裔们在数百年的光阴之中明里暗里操纵着整个时局的走向。话说回来，论墨镜的受欢迎程度，就连风靡一时的电影明星娜娜莉都戴着芭比粉边框的墨镜，手里拿着玻璃瓶装的梅尔泰姆橘子味汽水，在铜版纸印刷的锃亮的海报上对着人们露出一口雪白如贝壳的整齐牙齿来。

然而雨季正式降临的时候，一切就变得阴郁恼人，人们也开始逐渐生起一种怀旧情绪来，具体表现为克莱因蓝颜色的事物的畅销——无论是克莱因蓝颜色糖纸包裹的水果糖，还是克莱因蓝颜色的雨伞。香诺人民认为克莱因蓝是回忆的颜色，这种颜色能唤起人们心中最久远、最悲凉也最温情的种种记忆。据说总督的儿子就对这种纯净沉郁的颜色情有独钟。

香诺的雨季，漫长且煎熬。雨水肆虐，下水道发出恶臭，即使垃圾车的庞大身影每天清早准时出现在朦胧雨雾中，也依旧清除不了被雨水泡胀的垃圾发出的酸腐气味。雨水绵绵的整整六个月里，喝下午茶也变得极其不方便——当然这是贵族们才会抱怨的事情，因为夫人和小姐们的裙裾实在太长，总是会被溅起的泥水弄得脏兮兮。对于这些闲来无事的女人们而言，雨天为数不多的消遣，就是在宅子里做些手工，或者同女佣们吃点心、聊些家常闲话。空气潮湿闷热，身材丰腴的贵妇们不一会儿便香汗淋漓。而此时此刻，楚楚父亲发明的一种名为电风扇的物件，便再次派上了用场。电风扇能持续地带来清爽的凉风，为人们消除暑热，也正是因为电风扇以及一系列能使人感觉凉爽的发明，楚楚父亲被任命为政府首席研究员。

作为大名鼎鼎的科学家的女儿，楚楚因此继承了父亲所能享有的一切特权。因此，尽管身为平民，她却可以随意来往于贵族庄园和平民街区之间，而他们一家所居住的房子也是平民区里为数不多的带花园的二层独栋楼房，有着红砖搭成的屋顶、高大的落地窗和天鹅绒质料的垂幔——人们将其称作“红顶别墅”。

楚楚用绘制各类蝴蝶图案的维奇伍德茶杯喝红茶，在铺陈细白蕾丝花边桌布的圆形茶桌上摆放精致茶点——虽然用贵族们的“官话”来讲，这无非是些粗粝的茶果罢了，可是楚楚很喜欢这些小作坊生产出来的廉价但美味的点心。她喜欢将小面额的钱币摩挲得旧旧的，再用这些钱币去买古法姜糖、巧克力松仁饼干或者葡萄奶冻，回家以后搭配热咖啡或者热红茶一起食用。街巷上不乏点心糖果店，往往还写明“茶室”，但楚楚不总爱去外面喝下午茶——她没有社交的需求。她唯一的社交活动就是放课后去参加“玫瑰学会”举办的读书会或者诗歌写作比赛，而那些终日游荡在茶室附近的，无非是碎嘴的妇人或是幽会的学生情侣，又或者是歇脚的邮差和玩牌的浪荡子。

皇后大街的旧址处，一家出售蛋糕的烘焙坊时下正热卖一种名为“鲜奶栗蓉蛋糕”的糕点。女佣令秋去街上买过几回，楚楚很是喜欢，总是配焦苦的热咖啡一道吃。令秋偷学了半个月后便也带领楚楚一起做蛋糕。做法看似简单，无非就是在蛋白饼底上将细腻甜蜜的栗蓉（煮熟磨碎的栗子和着白砂糖、糖浆、牛奶之后均匀搅拌得成的半凝固体）挤成面条状，然后将奶油挤在栗蓉上面以及蛋糕底的四周，但也不知哪个步骤出了错，两人协力烘烤出来的蛋糕始终不如外面糕点店卖的那样松软香甜。

不过楚楚也并不在意这些，只要一切事物的过程是轻松有趣的，她便开心。在家里她甚至很少穿鞋——即使是镶银鼠毛皮的绵软拖鞋，她也总是随意地令其蜷缩在墙根或者楼梯角落。

纯棉面料的白色灯笼袖连衣裙的裙摆长齐脚踝。在一片随风鼓动荡漾的纯白之中，她裸露的纤巧双足若隐若现，灵动地在红房子内跳跃旋转。曼妙的乌黑发丝在透过落地窗的橘红色夕阳光照耀下，呈现出某种棕褐色的空盈。她的左手腕上戴着一对银镯子，这对银镯子由红色棉丝线缠绕紧系在一起，一枚精巧的镂空的袖珍银铃缀在丝线下方。她于是像猫儿一般，在偌大的房子里丁玲作响地来回跑动。

她打耳洞，戴青玉耳坠，穿棉麻或者丝质的衣裙，喜爱看书和绘画，热爱运动尤其是游泳和民族舞，早餐吃煮咖啡、厄洛斯红肠和全麦面包，午餐吃烤南瓜蜜汁虾仁沙拉，晚饭后则喝百香果柠檬柚子茶，在花园里种植克拉丽丝玫瑰和紫罗兰，每周六下午去教堂附近的音乐辅修学校上小提琴课，闲来无事随令秋逛一逛香兰大街上的精品玩具店和复古服饰店。因为有令秋的监督，她总是不敢乱买东西，尽管父亲给的零花钱是足够的。而她也是女子寄宿中学里唯一一位令人称羡的可以获特权走读的“高级知识分子家庭出身的小姐”。

不过楚楚深知她这样的身份在真正的贵族世家眼里，不过是类似一介乡绅之女的地位罢了，所以她在学校里也从不刻意彰显自己父亲的特权，尽管如此，她仅仅凭借乌黑亮丽的秀发、白皙胜雪的肤色、纤瘦苗条的身材，便已遭受正处于青春期的同龄女生的排挤。尽管她觉得自己是如此不拘小节，甚至有一些男孩子气，可学校里的女学生们——那些一毕业就将结婚生子的姑娘们，仍然视其为潜在竞争对手。

楚楚不是没有想过自己毕业之后的出路。照父亲的意思，是希望她能得到总督的青睐，被分配到政事厅工作。父亲甚至想过争取机会送她去更高等的贵族学府——他的女儿可不能仅仅只是担任秘书这类令闲杂人等浮想联翩的职务。

随着毕业考试的临近，楚楚的玩耍时间被严重压缩。高三学期的最后一个长假，父亲特允她去赤丽水森林避暑。根据家庭教师的说法，这也是大考来临之前的一次全方位的身心疗愈。

令楚楚没有想到的是，正是这场暑期旅行，她邂逅了自己生命中那场热烈又绝望的爱情。

一切的发生始于这个盛夏，却又仿佛可以追溯到比远方更远的神话时代。时值雨季，天空阴晴不定，晴朗的时候太阳光炽烈火热，但转瞬天空又可以下起酣畅淋漓的暴雨。临行前，楚楚嚷着要吃农夫采摘的新鲜山桃。

“脆嫩欲滴的桃子，果皮硬实青涩，果肉甜美玲珑。”楚楚一边用画笔描绘着山桃的轮廓，一边喃喃道。

“我记得烘焙坊隔壁那家水果铺子，有卖一种名为‘群玉’[1]的桃子，滋味美极了。”令秋说道。

楚楚于是将画笔搁置在桌上，趿拉上软皮凉鞋，便跟着令秋出门前往烘焙坊所在的街区。太阳已高悬头顶数十日之久，阳光毒辣，以至于楚楚和令秋各自撑着一柄蕾丝遮阳伞，

---

[1] 出自《清平调》“若非群玉山头见，会向瑶台月下逢。”

疾行向前，另一只手摇着绢花团扇，怎奈酷暑的风都裹挟着滚滚燃烧的热浪。

“我们为什么不拦上一辆车呢？我们非得走过去吗？等会儿还得拎着沉甸甸的桃子走回家去呢！”楚楚抱怨道，额前的发丝已经被汗水打湿，凝结在光滑的皮肤上。

令秋说道：“这个天气，怕是连司机们都不愿出门了。我也实在搞不懂，你为何今天突然想起要买山桃？”

楚楚的鼻腔里轻轻发出一记哼声，漫不经心道：“森林太远，舟车旅途劳顿，买些桃子消消暑、解解渴总是好的。清新美味的山桃，也就这个时节才有了，错过就得等明年呢。”

两人一路闲聊着到了烘焙坊，隔着老远就看到排列松散的队伍在等着新鲜出炉的鲜奶栗蓉蛋糕以及甜丝丝的蛋卷冰激凌。楚楚注意到烘焙坊正对着的街口，转角处停了一辆黑色小轿车。楚楚一眼认出车身上总督府的标识。

轿车后座上坐着一名年轻男子，尽管只微微露出侧脸，刺眼的阳光下也看不清容颜，但那锋利笔挺的轮廓还是在一瞬间不经意夺去楚楚的心神。楚楚一时有些恍惚，她呆呆地站在街道这头，望着对面汽车上男子的侧影，恍如隔世。伴随着阳光一同灌注和倾洒的，还有某种脱离了时间的永恒感。这画面这样美，这样隽永，仿若扇子上的绢花一般亘古永存。身心覆于其上，能体会到一种油画质感，好像此时此刻所有人都身处神明的某幅画卷中。全身心融入，甚至能感触到这幅画卷丰富的暗纹和细密的肌理。

“一切终将流逝。”不知为何，楚楚脑海里突然闪现过这样一句话。

令秋拍打她的肩膀，她回过神来，转头接过令秋刚买的桃子。令秋买了足足两袋，桃子个个硕大饱满。然而正当她们心满意足打算回家的时候，天公却不作美，大雨转瞬即来，雨滴急促地呼唤着更多的雨滴，于是这一场暌违多时的大雨终于在下午四点零三分倾盆而下。

天空顿时阴云密布，仍在排队的人群慌乱逃窜着躲雨，已经买到蛋糕的人们则拼命用手臂护着得之不易的脆弱糕点。大家四处寻找着狭窄的屋檐避雨，但雨水比阳光更加暴虐，疯狂地在这个干渴的世界肆意流淌，填补每一处缝隙，不仅仅是地面上的，还有人衣领间的缝隙，一个劲地钻，好像要钻到灵魂里去。

楚楚认出那名拎着被猝不及防的雨水侵蚀的糕点盒子的男人，正是总督府的一名仆从——父亲去拜访总督时曾与他有过说笑。原来，他现在担任司机，正奉命来买一些糕点果子。只见他笑着跟楚楚打了招呼，又回头指了指雨帘背后的汽车，压低声音说道：“我是去接那位回去的。小姐若是不介意，可以坐我们的车一道回去。这雨实在太大，街上已经积水啦……”

在他的眼神示意中，楚楚立刻反应过来他指的“那一位”究竟是谁——想必是总督的儿子。传闻他性格孤僻，不喜与人接触。但如果真是如此，这位仆从想必也不敢邀请自己和令秋搭便车了吧。

楚楚正犹疑着，令秋倒是爽快地同意了。

“正巧，我们拎着桃子，重得很。”令秋喜笑颜开，“您可真是帮大忙了！”

楚楚心里有些不是滋味，她觉得令秋太过莽撞，说话也太直白，显得她们像是没见识的乡野村妇。

可奈何雨水实在疯狂，于是两人只好艰难地撑着快被大风掀翻的伞，蹚过积水，来到黑色汽车跟前。令秋坐前排，这也就意味着楚楚得和总督府的少爷同坐后座。她顿觉有些羞赧和紧张，不由得攥紧了拳头，硬着头皮钻进车厢。

还未坐端正，转头便迎来身旁男子漠然的眼神。眼神虽然毫无波澜，但是并未掺杂恶意。旋即，他朝她点了点头，然后又仿佛注意到什么，很快移开了目光。

楚楚正傻乎乎地冲他报以回应的微笑，突然见他撇过头去，只觉纳闷，直到车身颠簸着在暴雨中前进的时候，才在晃荡之中察觉到自己胸前的衣襟被雨水濡湿，正紧巴巴地贴在身上。他短暂而警觉的一瞥，以及漫不经心地别过头的动作，一时之间在楚楚脑海里循环回放。楚楚干咳一声以掩饰自己迟来的尴尬，但辛朗仿佛已经忘却此事，只疲惫地用手肘撑着脑袋，面无表情地观望着窗外雨水涟涟的街景。

一路上，除了仆从和令秋两人有说有笑以外，楚楚和辛朗从头到尾一句话也没讲。或者说，辛朗没有一丝想和楚楚搭话的兴趣。他只是目无焦点地放空着自己，倦怠地沉醉在自己的世界里。这一节小小车厢，就好像漫无边际的滂沱雨水中随波逐流的岛屿，在浩大的雨音中与世隔绝地长久漂浮。

快到家了，楚楚心里默念着，终于快解脱了。这一路她内心都局促不安，尽管表面看上去端庄矜持，但身旁的那座冰山还是令她心生恐惧，但这恐惧里又夹杂着一种可以称之为诱惑的东西，令她不自觉地想要贴近他。不是靠近，而是贴近，是肌肤与气息融为一体的那种贴近。

她为自己第一次萌生的身心冲动而感到震撼，以至于身体无法自控地像雨打梨花一般震颤抖动起来。越是克制，这颤抖越是剧烈。

他显然注意到她的异样。他自然而然地以为她是着凉了，于是他脱下自己身上那件单薄而笔挺的西装外套，递给她，示意她披上。

她本想摆手拒绝，奈何这件衣服像是具有某种难以抗拒的魅力——沾染着年轻男子旺盛的生命气息与沉郁木质香调的异性魅力，于是她竟鬼使神差地接过他手中的外套，看似战战兢兢地将其披在肩头。

夏季的暴雨下个不停。黑色轿车辗转游过一条条小巷，最终停泊在楚楚家门口。

“谢谢您。”楚楚有些羞怯地抬眼看向他，开口道谢。

他微微颔首。楚楚见状，又迟疑着问道：“这件衣服被我身上的水渍沾湿了，如果您不嫌弃，我洗干净以后再将它送还到总督府上，这样可以吗?”

辛朗听闻此话，嘴唇浅浅翕合，仿佛想说些什么，大致是“不必麻烦了”这类客套话，但他始终没有说出口，只是轻轻点了点头。

于是，楚楚在令秋的搀扶下钻出了车厢，临别时，她还送给总督府几枚新鲜的山桃。辛朗一直面无表情，直到看见楚楚满眼真诚且期盼地将个头比巴掌还大的桃子递到他面前，他的嘴角才牵出一丝温柔又无奈的微笑。

楚楚原本以为他会轻蹙着眉头，摆手说不需要之类的话，但她预判错误，辛朗比她想象得要温和有礼得多，她没想到他竟欣然接过了她手中的桃子，然后对她说了声“谢谢”。

这下楚楚开始尽力按捺住自己激动的心情，在涟涟的雨帘中，她艰难地撑着伞与他依依道别，然后便在令秋的催促下，返身踏上通往家门的白石阶梯。站在屋檐下，楚楚再度回过头去看他，只见黑色轿车已消失在浓重的雨雾中。那一瞬，少女的眼眸似乎也升起迷蒙的水雾。

“快进去吧。”令秋轻轻推了推楚楚的胳膊，她这才回过神来，羞赧地吐了吐舌头，然后便又重回昔日那个无忧无虑的少女形象，仿佛方才的感伤也不过是稍纵即逝的灵犀一梦。进屋后，她来到浴室，褪去衣衫，开启长久的雨天沐浴。令秋将桃子洗净切块，用绘着鸢尾花和燕尾蝶的彩釉碟子盛放好，端到浴室里，供楚楚享用。

不知过了多久，雨声不再那么密集，湿润的雨丝开始变得缠绵悱恻起来。楚楚躺在浴缸里，将洗发香波涂满漆黑的头发，揉搓一阵，待其泛起大量泡沫之后，便任由发丝凝结披散在肩头。她浑身泡在热水中，口干舌燥时便拈起一块桃子喂进嘴里，感受晶莹甜蜜的果肉在口腔内迸射出甘美冰凉的汁液的快感。

那一瞬，她回想起他的气息，浑身都情不自禁地滚烫起来。她一边吃着桃子，一边回忆着他。尽管他们第一次见面是在这样暴虐无常的雨天，而自己也是如此狼狈的模样，但这不正具备小说所描述的那种宿命意味吗？

她从浴缸里唰地站起来，水滴顺着裸露的光滑的肌肤滑落，水在身体留下如火舌般舔舐过后的斑驳痕迹。她凝视着镜中那个一丝不挂的少女，徒然生起一丝恍惚的感受，仿佛这具肉身是一副载体，用以承载爱恨、悲欢、记忆，所谓的自己，其实就是载体本身，而所承载的事物，又是谁灌注进来的呢？

她的身体发育已经逼近所谓成熟这一标准了。少女那花苞般的胸脯、苗条的腰肢和修长结实的双腿，此时此刻，在雨水声、水蒸气、玫瑰柑橘泡沫芳香以及从百叶窗缝隙渗透的天光流淌下，如剖开的美玉一般暴露无遗。

她本来想摘取银质挂钩上悬挂的白色浴巾，但余光却瞟到红色皮质坐垫的折叠椅上放着的西装外套。那绣有潋滟暗银花纹的黑色外套，那有着他迷人气息的细苎麻衣服，在她的目光如蝴蝶般栖落其上的那一刻，便如同一块磁铁，深深地粘连在她的心上，成为她的心脏无法摆脱排斥的一块寄生异物。

她咽了口唾沫，仿佛又回到方才辛朗将外套递给她的那一幕场景。她小心翼翼地拎起外套，然后将其披在肩头。她抿了抿唇，仿佛在做一件难以启齿的秘事——用辛朗的衣服包裹住自己沾满水滴的赤裸身体。

衣服的触角碰到她肌肤，好像他的气息在那一瞬从天而降笼罩住了她，她不禁深深地呼吸，仿佛此刻不是衣服裹住了她，而是他伸出双臂，将她紧紧拥进怀里。她第一次感受到自己的身体深处，在发出一种耐人寻味又振聋发聩的呐喊。这呐喊声就如同桃子果肉的津液一般甜美诱人，宛如散发馥郁甜香的花蜜，招引着在她心里某处的那只蝴蝶。

这种禁忌的体验，是刹那间便令人上瘾的，她于是久久沉醉在他的气息萦绕中，浑身酥软，彻底陷溺在西装外套裹住的那小小黑暗里无处不在的温暖与低调沉郁的芳香之中。

她迟迟未从浴室出来，令秋以为她在里面睡着了，于是推开门来察看情况，却撞见少女紧闭着双腿，蹲在湿淋淋的地板上，双颊泛着红晕。令秋不解，却甚为吃惊，以为楚楚洗澡洗太久了，以至于像往常一样出现头晕乏力的症状。她怎么可能察觉到那个紧紧拢着一位男子的衣服的少女，内心深处破土而出的情欲萌芽呢?

她只是慌乱地将楚楚扶起来，扯下浴巾裹住少女，然后将她安然无恙地送回了房间。

一回到房间，楚楚就瘫倒在床上，她扯过洁白被单，用力裹紧自己赤裸的身体。她深深蜷缩起来，如同胎儿安睡在母亲的子宫一般，浑身松软地嵌进柔软床榻里。手指仍旧滚烫而酥麻，心里还温情眷恋着他。在这弥漫天地的雨音笼罩下，楚楚念想着辛朗，逐渐沉溺在爱的梦乡。

次日，楚楚便和令秋乘坐租赁的小轿车，前往赤丽水森林。原本是用于路途中解渴消暑的桃子，楚楚愣是一个也没舍得吃。就这样颠簸整整一天，她们才抵达目的地，并入住山脚的乡间小别墅。

森林静谧而深邃，高大挺拔的丛林终年青葱蓊郁。楚楚穿着棉麻长裙，终日流连游荡于森林深处，背着写生的画材，寻觅和记录不为世人熟知的美丽风景。涉足溪水，翻越丛林，她竟然发现一处妙境。

恍若被火灼烧一般，只余下赤橘色的裸露岩石，飞流直下的清凉瀑布，不可思议的景观组合，绮美炫丽又神秘莫测，莫名给人一种荒凉久远的感觉，仿佛置身远古神迹。楚楚立刻就爱上了这个无人知晓的秘境，于是每天下午都顶着烈日翻山渡水来到这里。她在冰凉的水流下沐浴，然后湿淋着衣裙，在热辣的阳光照耀下晾干身子。在风与光与热蒸发掉肌肤上的水滴之后，她提笔绘下自己心底的热爱。

在那宛若神赐的幽居时光里，在只能自说自话的孤独处境中，她越发感到灵魂深处的爱慕似泉水汩汩涌出，以至于每个夜晚肉体都要饱受情欲和思念所招致的饥渴和痛楚。

她颤抖着画下他的侧影，或者想象中的背影，唯独无法细细描绘他的正脸。也许是因为她没敢正眼瞧过他，又或者是见过了，但却因为如今过分的憧憬与恋慕，反倒记不真切了。一想到这里，她就痛苦地闭上双眼。一方面，她热切期盼着再度与他重逢，另一方面，她又莫名预感到自己与他是不可能长相厮守的。

在楚楚为所爱之人辗转反侧夜不能寐的时候，总督府上正举办热闹非凡的盛夏晚宴。

烟花如盛放的花朵在头顶绽开，原本渺远的星辰此刻也低垂向人间。富丽堂皇的宴会厅内充斥着香槟酒水以及数不尽的糖果与珍馐。女人们如同蝴蝶一般穿梭在回廊与舞厅，潋滟衣裙层层叠叠如涟漪荡漾开来。男人们则端着酒杯，三三两两聚在一起高谈阔论。提琴声丝绵婉转，啁啾回旋在高悬的水晶灯之下。

唯独不见辛朗。尽管仆从敲门数次，他依旧躲在卧室的露台上不肯出来。他穿着塔夫绸缎衬衫，倚靠栏杆，独自望着烟花明灭之下的蓊郁园林。一团深浓的墨绿色，在烟花爆炸的一瞬间被擦亮，而后又转瞬覆于漆黑。

珐琅碟子里盛着一半被剖开的桃子，果核上的褶皱在夜风轻抚下暴露无遗。他是在吮吸果肉甜美青涩的津液时，想到她如小鹿般灵动而慌乱的眼神的。但与楚楚的感受不同的是，他没有因此体会到情欲的焦灼困扰，而是觉得没来由地心烦。他厌倦这夜夜笙歌的浮华，好像夏日永昼，但时光的停歇没有令他感受永恒的美妙，反而让他无限趋近于死亡。一种腐烂膨胀的死亡，如疯狂滋生的菌落一样恐怖。新鲜桃肉带来的颗粒感芳香，无疑提醒了沉醉于幻梦的他，将他从这丝竹般低吟浅唱的美梦中惊醒。

他想起遗留在她那里的衣服，一种莫名的冲动驱使他去找她。于是辛朗换好出行的衣服，从花园后门溜走，在星光掩映下，偷偷逃出晚宴，驱车前往科学家府上。令秋随楚楚去了森林，府上的仆从便只剩一位姆妈。她很惊诧总督府的公子竟不吱一声于深夜光临，本打算去通报主人家，但辛朗摆手示意不要声张，称自己只是想见楚楚。

“您是说那件衣服？小姐将它带走了，真是不巧……虽然我也不明白她为何要带上那件西装外套去森林度假……”

“原来是这样，那么，她什么时候回来呢？”

“最早也得半个月之后了。”

“我知道了，谢谢您。”

棕色大门如同心扉缓缓合上，他在炎夏的月色之中默然转身。说不清为何，从知晓她带走他的衣服那一刻起，他就彻底明白她深藏的心意。说起来明明只是初见，却像是百转千回见了许多遍。

他开车急速行驶在空阔无人的路上，一路开出城，冲向远方的荒野与天边的月亮。他拼命想要摆脱粘黏在皮肤上的潮湿与闷热，就像他想要挣脱这腐败的虚荣牢狱一样。他一个人沉闷闭塞太久，而她是野性而清新的，带着沾染露水的蕨类植物的气息，硬生生闯入他的世界，再重重地将门扉锁上。

一念及此，他的手指便紧紧扣住方向盘，狠狠踩下油门。就这样，在狂奔了十几公里后，不知不觉他竟也踏上去往森林的道路，又或者说，是冥冥之中通往他们命运的路途。

他在黑夜里行进，整整一个日夜，终于在第二天的傍晚抵达赤丽水森林脚下。

总督府的产业遍及香诺，即使是森林也不例外。早在几十年前，这片森林便被划入了贵族管辖的区域。辛朗记得森林脚下的湖畔山庄一直以来都是达官贵人们下榻的避暑胜地，正巧也在总督府名下，于是他选择在此处歇脚，而要找到楚楚，只需要在前台拨打时兴的水话机，就能联系到当地驻办人员，从而查询到来森林度假的游客名单。但辛朗并未这样做，内心深处，他其实期待自己以另一种不寻常的方式邂逅佳人。

房间很快收拾妥当，他带着肌肉酸痛的疲惫舒舒服服洗了个热水澡，仿佛终于安下心来，临睡前他又抽了一支巧克力味道的手卷烟。他很少抽烟，素日里对香烟和酒精都格外挑剔。但如今他只感到自己彻底松懈下来，不知道是不是靠近所爱之人而生起的倦意与温情，促使他在读过两行诗以后便陷在床榻里沉沉睡去。

实际上，许久以后他回想起曾经那个抛下昼夜的孤注一掷的自己，那个为心爱之人翻山越岭的一腔少年意气的自己，才终于痛苦地意识到，他真正爱的，并不是楚楚这个人。

但那时，且犹如置身梦中，他追逐蝴蝶一样漂泊无依的爱情，不顾一切。

在他梦游似的终日穿梭于森林的时候，他对楚楚的幻想和期待也就越发深浓。终于，在他快要放弃这异想天开的邂逅妄想时，太阳却宛如命运之轮，指引他闯入了那片未经踏足的忠贞秘境。

那时的他迷路在森林之中，不仅被暴烈的暑气熏热得头晕目眩，身体也如同灌了铅一样沉重乏力。在无意间拨开遮天蔽日的丛林密叶（如同撩拨了意中人的心弦），面对突如其来的刺眼日光，他几乎瞬间晕厥。在那有如拨开云雾见月明的刹那，清朗境地之中，少女的倩影如神迹波光粼粼倒映在他的心间。

他看见她，在那一刻。她穿着月白色棉麻长裙，玉立在瀑布下方的水中央。湿透的衣衫紧紧贴合着晒成浅浅小麦色的美妙胴体，突显出少女妖娆玲珑的曲线。她的黑发亦被水淋湿，宛如水蛇一般宛转黏附在肩头和脖颈处。她就这样回过头，带着惊诧、羞赧、惊喜与恐惧地看向他，双手甚至来不及遮掩住身体。

在她心心念念着他的时刻，在她不得已于日光曝晒下融化自己情欲的时候，他就这样慌不择路地、狼狈落魄地闯入她的禁地。她瞬间尴尬得无地自容，日光烧灼，还是她的心尖滚烫，她只觉得浑身上下都仿佛着了火，风一吹，便烈烈地燃了起来。

很久以后，再回味这场奇迹的重逢，她开始深切地知道，这场爱情不是骤然猛烈的暴雨，而是贯穿一生的漫长潮湿。

当她回过神来咽了口唾沫，还未朝他开口，他便已猝然倒在地上。

3

我对你没有不洁的幻想，只有忠贞的渴求。世人都道情欲是肮脏、腥热、狂乱且不堪，只有我知道，我的情欲是你。当你来临，那一刻的神圣，抵得过世间所有翻云覆雨。

他以为自己快要死了，而临死前，他的少女仿佛供奉神明一般虔诚而惶恐地跪在他身前。她为他掬来一捧清凉甘甜的水，艰难地扶起他的上身，喂他饮下。她甚至把身上湿淋淋的衣裙脱下，将其浸泡在水里，拧干后贴在他滚烫的额头上，帮助他的身体快速降温。

就这样，她像一个妻子，完全不在乎自己衣不蔽体（只穿一截肉桂色的抹胸，以及绣蕾丝花边的小裤），只是尽心尽力地照顾着丈夫，眼中再无他物。后来，她在牢房里，满怀眷恋地用粉笔在石墙上描绘这幅场景。两个小人轮廓，相互扶持，相互凝视，相互救赎，有如远古神话传说那般宁静温馨。然而那幅壁画后来也焚毁消融于末日大火之中。一切都注定灰飞烟灭。

过了许久，他如同枯萎花瓣般的苍白嘴唇才稍稍恢复了血色。眼前黑影渐渐消散，意识逐渐清明起来，辛朗这才看清跪在自己身侧焦急不安俯视他脸庞的楚楚，以及视线忍不住下移瞟到的水淋淋的女子身体。

他很快别过头去，紧皱双眉，闭上双眼，急促地喃喃道："我没事了，你把衣服穿上吧。"

"啊……好……"楚楚连忙将皱成一团的白色素麻长裙铺展开来，然后迅速穿上。拧干后的白裙子丑陋地包裹着少女花苞似的身体。她自己也心生疑虑，为何方才会如此自然地在一个并不熟悉的男子面前褪下衣裙。但事实上，当那一刻发生的时候，却是不需要答案的。

“你怎么会在这里?”楚楚整理好衣裙后问他。

辛朗背对着她沉默半晌。他自然不可能告诉她，一切都源自他在那个夜晚作出的疯狂的“逃狱”决定。

他怎么可能向她袒露自己的心迹？他一向骄傲、矜持和漠然，尽管此刻身体恢复元气，他恨不得立刻压制住她，撕扯掉她身上那像极了丧服的碍眼的素白裙子。但是又在冲动涌上来的那一刻，生生地感受到一种宿命的空洞与失落。于是他只是神色复杂地看向那双骨节分明的双手，心底明白自己不可能这样做。

只是两人都无法预料，这场香艳的殊遇自有其宿命，由不得他们作何感想。

“我也到森林避暑，不承想，会在这里遇见你。”辛朗始终背对着她，他生怕一回过头再度撞见少女若隐若现的身体。不知为何，那一刻他心里想着的，同样是仓皇逃离。他突然想起书上说，遇见真爱的第一反应，不是立刻投怀送抱，而是遮掩逃离。

此刻他就想落荒而逃，因为少女的气息如同桃子一般诱惑着干渴的旅人。

为了掩饰内心的激烈挣扎，辛朗淡淡说道：“我带你回去吧。一个人在这地方，天黑了不安全。”

“好。”楚楚乖乖答应了。就这样，她跟随在他身后，钻出了丛林。但楚楚明显更熟悉回去的路途，于是待衣服被太阳烤得差不多以后，她走到辛朗跟前，引领着他回到来处。

路上，他们渐渐说起话来。

“你应该很快就要参加联考了吧？”辛朗问她。

“是的。等这次休假结束，我就得回学校了。”她回答道。然而片刻之后，她便心生疑惑：他是如何得知这件事的？但转念又想，也许，府里的仆从们早就把她的情况汇报给他了吧。毕竟，所有接近贵族阶层的普通人，都等同于透明人。

他又问起她在学校的生活，于是她谈论起日复一日的炎热、下课后去杂货铺购买的冰冻柠檬水以及自习课结束后晴朗天空中悬挂的星星。她净挑拣着有趣而美好的事情讲与辛朗听，而省略了枯燥的功课、严厉古板的修女老师以及女学生之间的闲言碎语。

“那你呢，你又在做些什么呢？”少女一边拨开身前高耸的杂草，一边回过头问身后的男子。

辛朗一时哑然。他不知说些什么，事实上，从政事厅离职后，他又外出游学了一阵子，如今只能算赋闲在家，虽终日流连于筵席所，却又无法沉溺于此。

“我刚结束一段长途旅行，目前这段时间就待在家休息。”他最终这样说道。

“在家做些什么呢？”少女继续问道。

她一边说话一边朝前走着，留给他一抹白色的倩影，在强烈的光线照耀下，在他微微虚焦的目光里，这团白色仿佛幻梦般看不真切，像是一团发光的浓白雾气，在心间闪烁飘荡着。

“看书、听音乐什么的……反正没做什么正事……”他凝望着她的背影，忽然觉得有些口干舌燥，忍不住咽了咽唾沫，哑着嗓子说道。

她回过头，看向他，笑着说：“听上去真不错……我真希望考试快些结束，毕业之后我也想待在家里做些自己喜欢的事，或者出门旅行也不错……你之前都去了哪些地方？”

“我去了远方的沙漠，那里是比城区更炎热的地方……”

“我无法想象……竟然比这里还要热……沙漠美吗？”

“落日很美，风沙和星辰也是。”在他回答她的那一刻，他们眼神交会，恍然失神过后，两人又不约而同地移开方才停落在彼此身上的视线。

“那你在沙漠里见过海市蜃楼吗？”她突然问道。

辛朗微微一愣，复又答道：“那倒没有。怎么了？”

“没什么，我以前在书上看到过关于海市蜃楼的传说，所以有些好奇罢了。毕竟，我身边可没有从沙漠归来的旅者，想必沙漠是很遥远的地方，不是人人都有机会可以去的……”

“如果你想去，等你毕业之后，我可以带你去。”这样一句话，想要脱口而出，却又硬生生被吞咽下去。辛朗不由得攥紧了拳头。

但楚楚却仿佛打开了话匣子，说起赤丽水森林中隐匿的美景来，她描述得绘声绘色，辛朗一时间听得入神。

不知不觉，两人已临近湖畔山庄。从坡道上俯瞰波光粼粼的湖水和宁静雅致的避暑山庄，楚楚心里再度感叹：贵族的生活真不是一般人所能想象的。辛朗身上也萦绕着贵族所特有的慵懒气质，只是这种慵懒，更像是天性使然，掺杂一丝孤傲和散漫。

“你在这里待多久？不如……我是说你不介意的话，我们可以一起去森林里……”她放慢了步调，抑制住自己狂烈的心跳，小心翼翼地试探道。事实上，她内心深处并不愿意此刻就与他分离。

可是，他却沉默了。

那一瞬，有微凉的风穿过耳畔后的发丝。

她顿时觉得心脏坠了坠，内心炽热的火焰猝然熄灭了一半，只因她敏锐地捕捉到他微微低下头去的那一刻眼里掠过的犹疑和不安。

她不禁捏紧了自己的裙裾，仿佛一个世纪一般漫长。她等着他的答案。

难道，是因为他们之间的身份差距？还是由于他其实对她并不感兴趣？

很明显，后者的概率更大……

她内心胡乱猜测着，就在手心的汗水将裙裾濡湿，而她眼中的光也即将消失的时候，他终于抬头正视她，简短说了一个字。

“好。”

楚楚一时愣住，半晌，也只点了点头。

烈夏静默，阳光透过树叶缝隙洒落，有一种空灵寂静在当下凝固成视线交错的永恒。在不久之后楚楚生死不明的那段时间里，辛朗独自在空荡荡的偌大房间，面对着壁龛里沉浸于阴影中的神像练习击剑，亘古不灭的阳光也曾这般透过纱幔缝隙在他身上宛转流淌，他在那一刻也仿佛感到曾经美好的画面穿越光阴来到自己身前，好像过去从不曾消逝，而是被神明安放在了宇宙的某个角落。

她和他一前一后走着，她的步伐逐渐轻盈欢快起来，只因内心有了盼头。

他走在她身后，凝望少女的背影，近在咫尺，却又梦幻般遥不可及，好像她只是高维世界投射到此世的幻影。他像是她的守护者，默默地跟随她。

最终，二人绕过下坡的山路，辗转来到湖畔山庄前——这里只有贵族能够进入。但守卫很自然地将楚楚当作与辛朗随行的女伴，于是微微侧身，点头示意楚楚可以通过。楚楚一时有些尴尬，因为她和令秋所住的地方恰巧也在湖畔山庄附近，当然，如果能穿过山庄，那么距离会缩减一半。走了好一会山路，此刻她只觉小腿酸胀，心想着，如果能抄近路，那是最好不过了。

辛朗看出她的疲惫与犹疑，于是对她说："我带你去个地方，你在那里休息，等会我让人开车送你回去。"

"啊，谢谢你……可如果是那样的话，会耽搁一段时间，我得先借用水话机，跟令秋说一下。"她遥望天色，璀璨的晚霞俨然如同少女脸庞的酡红，正慵懒恣意地弥漫。

"可以。"他回答道。

于是，在辛朗的带领下，少女穿过幽深冗长的廊道。华丽的拱顶与悬吊的灯盖之下，朴素洁白的衣裙如山野飘荡而来清新的风，拂过沉寂喑哑的雕栏画栋间每一处优雅褶皱。

在漫长的前行中，在如水的阴凉中，辛朗一边走一边回过头看她——她像一朵皎洁如月的山茶花。他蓦然间想起了什么，心念电转之间，不自觉地引领楚楚走向长廊尽头的一个房间。

推开刻有浮雕的大门，八音盒美妙悦耳的旋律自动响起。楚楚看见一张圆形的大床，雪白的纱幔垂坠下来，将白色的羽绒榻遮罩住。精致的白色大理石雕塑，以及古典风格的白色系插花，一盏盏皓月般洁白的蝴蝶兰垂落曼妙身姿，以及墙壁上绘有赤丽水美景的油画，透露出古老森林的静谧和幽深。

其中，最令人移不开眼的，是巨大落地窗前立着的一件纯白的礼服长裙。区别于近年来市面上流行的繁复厚重的复古样式婚纱，这件白色礼服采用高档的塔夫绸面料和极简风格的修身剪裁，以及别出心裁的简洁装饰，一眼望去只觉清新脱俗。而此刻窗外天光洒落，玫瑰金色的晚霞光辉宛如金沙一般落满裙身，衬得原本如牛奶般纯净的白色一瞬间耀眼夺目。

“这里是新娘的房间吗……”楚楚不禁脱口而出——她从未见过如同仙境一般的房间。

话音未落，她便察觉到失礼，然而辛朗只是接过她的话，解释道：“确实有很多社会名流会选择在湖畔山庄举行婚礼，这个房间的确是为曾经的一位新娘准备的，所以装饰风格也尽量贴合那位女士的喜好。我想你不妨在这里休息会，也许会感到自在些……我会让人准备好晚餐，你在这里吃完饭再回去也不迟。”

“谢谢。”楚楚感到内心暖意涌动，于是感激而诚恳地抬起眼看向辛朗，轻声道谢。

辛朗的食指陡然蜷曲了一下，但表面仍旧波澜不惊。他只是点点头，然后指向壁橱位置，说道：“那里有为女客人准备的衣服……刚才在瀑布那会儿，我见你的衣服湿了……如果不介意的话，衣橱里的衣服你可以挑一件喜欢的换上……”

听到这番话，楚楚突然想起自己还未归那件西服外套。

上一件还没来得及归还，如今又要借走一件衣服吗？那她也太厚脸皮了……更重要的是，一旦想起那件外套，楚楚便会回想起自己在浴室里用衣服裹住身体时产生的反应，一时之间羞红了脸。

辛朗注意到她脸庞一下子泛起潮红，不禁纳闷地眨眨眼，但又猜不出个所以然，于是便找了个借口先行离开，留下楚楚一人待在偌大而华美的房间。等辛朗走后，楚楚才回过神来。只见她慢吞吞地换上雪白貂皮镶嵌珍珠与蕾丝花边的柔软拖鞋，然后一如既往地迈着她懒散拖沓的步子，踱步到衣橱前。

打开两扇门，排列整齐的精美衣裙映入眼帘。楚楚细细看了一遍这些衣服的款式和料子——每一件都价值不菲。然而她兴趣寡淡，只浅浅扫了一眼，并用手摩挲过裙身上纤细的丝线和刺绣的花朵之后，便将衣橱门合上。毫无疑问，落地窗前那一件皎白胜雪的礼服裙，才是一眼夺去她心神、令她为之惊艳的心仪之物，其他昂贵艳丽的裙子都不免落俗。

可是，她不可能厚颜无耻地借走这件白色礼服裙。

但是，试穿一下，总是可以的吧？

这样想着，她拉拢落地窗帘，接着脱去身上古朴陈旧的白色连衣裙，然后小心翼翼地从立体衣架上褪下那件崭新的白色鱼尾长裙。

而此刻的辛朗，正吩咐湖畔山庄的管家准备精美可口的晚餐。仆从和侍女们在长条柚木餐桌上铺好白色细苎麻桌布和绣有峰峦叠嶂花纹的桌旗，摆上新鲜美丽的桌花，又盛上晶莹剔透的玻璃盏碟和银质刀叉——辛朗俨然是以宴会的规格来招待楚楚。对于他而言，日常流连的筵席无非都是如此陈设，因此他不觉得太过隆重。

眼见一切准备妥当，辛朗这才返身回到楚楚所在的房间。他轻轻叩响门扉，但是并未听到楚楚的声音。

“楚楚？”辛朗试探着提高声量。

屋内依旧静悄悄的。辛朗再也忍不住，伸出手用力推开门。天光乍泄的那一瞬，在突如其来的光亮之中，他看见楚楚的身影，宛如一抹月亮的剪影浮在闪烁流动的逆光里。

辛朗不禁被震住，一时之间有些手足无措，他愣愣立在原地，望着遥远的落地窗前正缓缓回过头来的少女——她头戴白色簪花头纱，乌黑的长发披在裸露的双肩，白纱一路轻吻着发丝向下延展。

她身着白色柔光缎面鱼尾长裙，此刻正用一双盈盈秋水般的眼眸回望他。

大概是从那一刻起，她便成为他心上无可替代的那一抹皎洁。

“不好意思……我……我擅自穿了这件裙子……”楚楚没有料到辛朗会在这时回来，也未曾想到自己竟然沉醉迷恋这件衣裙如此之久。

见辛朗神情严肃，楚楚内心突然慌乱害怕——她第一次见辛朗脸上露出如此凝重复杂的神色。

“我立刻换下来……对不起……”楚楚再度羞红脸，这一次是因为窘迫和怯懦。她正欲回避辛朗前去更衣，但是辛朗却沉声唤她的名字。

“楚楚。”他唤她。

楚楚抬起原本因为丧气而低垂的脑袋，有些吃惊和疑惑地看向他。

辛朗轻不可闻地叹了口气：“你很喜欢这件裙子吗？”

“啊……是的……不过别误会，我没有要借走这件裙子的意思，我知道它一定很珍贵！”话说到一半，楚楚又连忙摆手否认，仿佛猜到了辛朗的言外之意。

“没关系的，楚楚。”辛朗坦诚地说道，“其实今天应该是我要感谢你，不然我就中暑晕倒在那里了。所以，请允许我把它当作礼物赠送与你，可以吗？”

楚楚仍旧坚定地拒绝辛朗的好意，她说道：“你知道的，我并没有什么机会穿这样隆重的衣服……如果送给我，实在有些浪费……”

“也许，等到你举行婚礼的时候可以穿呢……”辛朗情不自禁地说出这话后，忽然哽住——这句话太过微妙，好像他要迎娶楚楚似的，又好像他在婉拒她，表明自己不可能跟她在一起。如果是后者，又有哪位女子会在婚礼上穿着丈夫以外的男子赠与的礼服呢？

楚楚似乎也品尝出了这句无心之言背后折射的丰富隐晦的意味，一时两人沉默无言。片刻后，辛朗才率先打破尴尬的寂静。他尽量使自己的声音温和开朗，小心探问道：“谁说没有场合穿呢？其实，我的生日再过几天就到了，所以我才提前来到这里，想筹备一下生日宴会……”

“你的生日？”楚楚诧异道。

“是的。三天后就是我二十七岁的生日了。”辛朗将错就错，索性扯了一个谎，“所以，如果你不介意的话，我想……邀请你来参加……我的生日宴会。”

事情发展出乎她的意料，但一切又看似那么合理。否则，她何以解释辛朗为何突然出现在赤丽水森林？总不能是他特地为寻她而来的吧？

楚楚咽了口唾沫，思忖了半天，这才下定决心，点头答应道：“好，我明白你的意思了。我会来庆祝你的生日。”

她抚摩着光滑如水的裙身，紧接着说道：“那么这件裙子，我先收下代为保管。”

“嗯。”辛朗见她答应，悬着的心也落下来。他其实没有告诉她，这件皎白的礼服长裙，是他母亲的遗物。历经二十余年的岁月洗礼，仍旧崭新如初。他已经快要遗忘母亲的容颜，是她令蒙尘的旧日回忆再度熠熠生辉。

对于他而言，推开门的那一刻，眼前之境宛如满月盈照天地。那一瞬的她，孤光自照，天心圆满。他至今不知自己毕生所求为何物，但是一切疑问好像都在那短暂的瞬间降临时，有了落定的答案。

既已收下衣裙，楚楚便没再好意思留下来吃晚饭。尽管辛朗大着胆子邀请她，她也推三阻四地解释说天色不早，而自己要赶着回去和令秋会合。辛朗拗不过她，于是派了司机开车送她回去。

此时，沉郁的深蓝已开始渲染天幕，高悬的天空深处闪烁星子遥远的光芒。楚楚坐上车，摇下车窗同辛朗道别。

“明日我会让人将邀请函送到你那边。”辛朗说。

“好，我等着。”楚楚笑眯眯地同他摆了摆手，示意他不必再相送。司机踩下油门，车身缓缓启动，辛朗便这样目送着小轿车沿蜿蜒向前的道路行驶远去。

漫无边际的深蓝的笼罩下，山庄的一切都显得安静美好。在这花香沉醉的宁静温馨之中，辛朗回到晚宴大厅。他独自坐在长条柚木餐桌的一端，但也不动筷箸，只是用手指关节叩着桌面，发出细微沉钝的声响。

在这毫无规律的敲击之中，他回味着这段时日以来所遭受的，那蒙昧情感的反复无常的冲击，在这偌大空寂的苦闷孤独与金碧辉煌的空洞繁华中，他感到自己宛如潜水一般，在触及生命深处的某处质地。

某处黑暗、热烈、纯真且柔软的质地。

夏夜如此宁静悠长，皓月当空，星垂四野，森林之中氤氲一片温良的寂静。清亮月光的荫翳之下，大片洁白栀子繁硕饱满，有倾颓荼蘼之势。花朵香气过于浓烈醉人，反倒隐隐透出衰败意象。树上落下的果实在高温之中悄无声息地膨胀与腐烂，虫豸隐匿在草丛间盲目而热烈地交尾。夜色涌动之下，生命的欲望在炙热与黑暗中缓慢发酵。

三日之后，一场小型而私密的生日晚宴在湖畔山庄举行。在这短暂又漫长的三日等待中，辛朗命人从赤丽水森林附近的漫花山庄运来大批量的鲜花，包括蝴蝶兰、玫瑰、紫罗兰、翠珠、山茶花、牡丹、绣球……几乎将整座漫花山庄搬空。侍从们则依照花艺师的吩咐，将湖畔山庄的内室装点成缤纷华美的花朵乐园。彩带、气球、酒水、烟花、水果、巧克力也以最快速度从附近城区被运往赤丽水森林。

至于宾客，辛朗只邀请了平日里交好的几位朋友，毕竟，这只是一个浪漫的谎言，因此他不想过分张扬。而他的三五好友们也只当是总督府的继承者无故迷恋上平民区的美人，于是一边在水话机里戏谑着沉默寡言却又一往情深的他，一边不约而同地从香诺城区千里迢迢驱车赶赴湖畔山庄，只为一睹他那位意中人的容颜。

对于楚楚来说，最令她头疼的，并非出席晚宴的装扮，而是送给辛朗的生日礼物。森林太过偏远，此时再回城里挑选礼物，无疑是浪费时间。再者，他是含着金汤匙出生的少爷，又有什么稀奇珍宝没见过呢？更何况，她本来也没什么钱，根本买不起昂贵的礼物。

将行李箱内的物品一一清点，除了一本诗集（封面还被父亲掉落的烟蒂烫了一个洞），一盒糖果（锌皮盒子上绘着爱丽丝梦游仙境的故事），一个复古样式的火机，楚楚再找不到任何可以称之为礼物的东西。她重重叹了口气，将行李箱合上，沮丧地蜷缩在墙角。

床边的藤木椅子上，挂着辛朗的西装外套。令秋早已将其洗净并熨烫平整，原本，她打算喷点酒渍梅子味道的香水，但却被楚楚阻止了。

“那款香水总有股雨水的潮湿霉味，万一他不喜欢那个味道呢？”她说道。

其实最根本的原因，是她想尽可能地保留辛朗身上的气息。她能清晰敏锐地捕捉到那股气息的存在，如同小兽能够分辨出自己巢穴的气味一样——那股淡雅、独特、微凉、沉醉的气息令她心里安宁。

因此，她不想任意用人造的香味来破坏那件衣服所散发的温馨而强有力的气场。

当她回想起前不久的那个雨天——她和他初见的那一天，一种纯净如眼泪的蓝色在无知无觉中渐渐弥漫视野，浸染了记忆里一帧帧静默而美好的画面。那是克莱因蓝——回忆的颜色。在那无尽流淌的蓝色中，他幻化成一抹俊美而料峭的剪影，凝固在她望穿时间与空间的眼眸里。

在那一刻，她看到温和纯净的克莱因蓝，听到笼罩天地的侘寂雨音，闻到酒渍梅子与冷冽檀香交织的气味，视觉、听觉、嗅觉完美地交融在一起，混合形成一种强大的灵觉。她情不自禁地伸出手，想要触及辛朗，却怎么也触不到那抹闪烁漂浮在记忆水面的身影。触不到他真实的肌肤，好像他拒她千里之外，又好像他只是她的臆想，是高维世界投影到香诺世界的凄美绝望的梦境。

他是一个梦，一个未能完成的夙愿。

“攀登那高山，直至云烟深处。成为那画中之人，亦真亦幻。”[1]

楚楚为自己陡然生起的想法感到震惊，但这种感觉一闪而逝，好像蝴蝶掠水而过，只带起一圈浅浅的涟漪，便从此消失不见。她很快恢复平静，因为她突然知道自己应该送什么礼物给他了。

待到生日宴会那天傍晚，从湖畔山庄驶来的漆黑锃亮的豪华轿车，准时停在乡间小别墅门口。管家毕恭毕敬地为楚楚打开车门，楚楚则小心翼翼地提起裙裾，缓慢地钻进后座车厢。令秋有些激动，几乎是夸张地闪烁泪光，将那副用黑色天鹅绒包裹着的卷轴和装有西装外套的纸袋递给楚楚。

“你得好好把握机会呀。”令秋附在她耳畔轻声说道，“这可是总督府的邀约，你得为自己的前途考虑。务必注意言行举止，别丢了淑女风范……”

---

[1] 摘自 Glass Animals 的歌曲《Holiest》中歌词片段。

楚楚自然没有考虑那么多，她只是发自肺腑地感到开心。她莞尔一笑，朱唇轻启："知道了，你放心吧。"

说罢，她冲司机微微点头，示意可以出发了，于是车身微微晃动着向前行驶远去。令秋立在原地，在盛大的夕阳之中，静静目送楚楚渐行渐远。

此刻的湖畔山庄一派灯火辉煌之景，夜色掩映之下，花团锦簇的庭院里早已摆好甜品台和茶桌。为数不多的宾客们都已到齐，他们举着高脚香槟杯，热情有礼地相互招呼，在谈笑间歇不忘抬头欣赏露台上驻唱乐队的精彩表演。

辛朗穿一件笔挺的白色衬衫和黑色西裤，衣领间系一条绣有家族徽章的墨色领带，这套装束令他一改往日的松散倦怠，看上去贵气而俊雅的同时，又透出一股果决与干练。原本微微凌乱披散的头发，今晚也罕见地向后梳起，露出半边额头，显得神采奕奕。

他与客人们一起抽烟，斜斜倚靠着罗马柱听他们谈天说地，眼睛却时不时地瞟向大门处，竭力按捺住内心的烦躁与忐忑。

过了好一会，就在他忍不住摇铃呼叫管家的时候，黑色轿车的身影终于闯入众人视野。辛朗的眼睛在夜色中亮了亮。

"她来了……"众人纷纷交头接耳，兴奋地低语。女士们更是提着裙裾，欢天喜地齐齐涌向大门处，冲缓缓驶来的汽车挥舞手中的玫瑰和丝巾。男士们则大笑着，使劲拍着辛朗的肩膀，怂恿着他上前迎接。

此刻的楚楚很是惶恐，她微微瑟缩身子，抿着嘴唇看向车窗外欢呼雀跃的众人，十分紧张，以至于在管家为她拉开车门之后，她仍待在车厢里，迟迟不敢下车。

她低垂眼睫，睫毛如同蝴蝶的双翅一般疯狂震颤，双手死死扣在一起，脸庞绯红如云霞。就在她准备硬着头皮下车应付这些贵族名流时，辛朗不知何时已走到车门前。

他朝她伸出手。

"楚楚，别紧张。"他温柔地低声说道。

楚楚抬起眼，在车厢的阴影之中，她的目光澄澈惊惶如小鹿，却又在看到他的那一刻瞬间镇静下来。

"嗯。"她点点头，然后乖乖将手放在他的掌心。就这样，辛朗牵着她，慢慢地下了车。

宛如一轮皎洁明月破云而出，身着白色礼服长裙的她纯净得像山涧冰雪，没有一丝浮华矫饰，如同一阵清凉的夜风，吹荡开原野上蔓生的杂草。虽不至于拥有惊世的美貌，可她身上踊跃着的灵动，却仿佛生命源初的能量，令人心头一震。

客人们愣了一会，这才面面相觑，继而又会心一笑。这些情场上的过来人，在极短的时间内，恍然明白为何辛朗会沉沦至此。

"生日快乐。"楚楚有些羞赧地将手中的卷轴递给他。辛朗接过以后，说了声谢谢，便将卷轴交给了一旁的管家。管家收下后，又交给了一位仆从，这位仆从很快做好登记，便将卷轴带回房间。

仿佛一视同仁，在他看来，她送的礼物与其他人赠送的东西并没有什么分别。楚楚在心里这般揣测道。

“你提着的袋子里面是什么?”辛朗见楚楚还拎着一个纸袋，不禁好奇地问道。

“这是你的……呃，上次我借走的衣服……”当着众人的面，楚楚不太方便直接说她带来的是辛朗的衣服，这不禁引人遐想——她可不愿惹麻烦。

辛朗瞬间会意，只说了一句：“知道了，给我吧。”

于是楚楚将袋子递给他。

一旁的女人们早已按捺不住，纷纷凑上前，将辛朗撇到一边，然后亲热地挽起楚楚细白如藕段的胳膊，邀请她去茶桌那边喝茶吃点心。

原本一开始局促不安的楚楚，没有料想到这些贵族小姐们竟如此平易近人，于是在攀谈之间也渐渐不再那么拘谨。

辛朗没有干预她们，他只是在不远处和朋友说话，但目光总是时不时地落在楚楚身上。他漫不经心地扫视过她，看到她像孩童一般开心地喝着热红茶，竟真的竖起耳朵认真聆听那些名媛聊着上流社会的无聊八卦，不由得觉得楚楚天真可爱，于是嘴角不自觉地牵起一丝淡淡的微笑。他希望楚楚能够更加放松些，毕竟，这是为她准备的宴会。只是，但愿他的朋友们不至于说漏嘴拆穿他，也希望晚餐之后，他能有机会同她共处。

“你在笑什么?”他的公子哥朋友正严肃地谈论着某起政治要闻，见辛朗嘴角上扬，不由得纳闷。

“我没笑。”辛朗立刻冷着一张脸，淡淡否认。

“胡说，你刚才明明在笑嘛。”

辛朗索性别过头去，说道：“天色昏暗，你看错了。”

男人有些无语地看着他，缓缓吸了口烟，在心里默默念道：真是死鸭子嘴硬……

晚宴即将开始，侍从们引领宾客依次走进宴会大厅。楚楚迈着小巧而盈动的步子，跟随众人走进厅堂。甫一踏入，楚楚便被目之所及的漫天花海深深震住。

铺天盖地的花朵，如云海微微浮动。在这浩大的缤纷烂漫之中，优美悦耳的音乐声如冬日雾气一般湿润微凉地升腾起来。

楚楚杏眼圆睁，不禁轻声喃喃道：“拥有花朵的人，不需要神祇……”[1]

侍从为楚楚拉开椅子，恭敬地说道：“小姐，请就座。”

“啊……谢谢……”楚楚轻轻坐下，很快，辛朗便来到她身旁，很自然地挨着她坐下。他落座的一刹那，她的心里不禁掠过一句古老的话语。

“他带我入筵席所，以爱为旗在我以上。”[2]

他坐在她左侧席位，她甚至有些担心他会听到她怦怦的心跳。

---

[1] 引自佩索阿《阿尔伯特·卡埃罗》

[2] 引自《圣经·雅歌》

他今晚很好看，和往常不一样的好看……她的心里突然泛起一阵苦涩与甜蜜相互交织的奇怪感受。那浓烈的甜美，是因为他的魅力令她炽热和心动，而苦涩，是由于他的光芒再度令她感到遥远。

然而，离你越远，我就越爱你。

辛朗没有注意到楚楚内心细腻复杂的感受，他忙着吩咐侍从给宾客斟上美酒。在安顿好众人以后，他转过头，轻声询问楚楚："楚楚，你想喝点什么？"

他问她的时候，温柔地低下头，眼睫也微微低垂，仰月形状的嘴唇弧线轻轻勾起，身体微微朝她所在的位置倾斜。交相辉映的烛火衬得他英俊而迷人，楚楚一时看得出神，竟忘了回答，直到辛朗又稍稍提高音量重复了一遍，她才猛然回过神来，胡乱说道："我想试试白葡萄酒，可以吗？"

辛朗感到有些诧异，问道："你能喝酒？"

"嗯，平日里会陪父亲喝点佐餐酒。"楚楚诚实地回答道。

"好，我记得冰窖里刚好有白葡萄酒……我陪你喝两杯。"辛朗点点头，随即招呼侍从去地下酒窖里取了两瓶酒上来。

一切安排妥当后，晚宴正式开始。待所有宾客饮过餐前酒之后，身着燕尾服的侍从们依次将黄油面包、香橙三文鱼沙拉、鲜蘑菇汤、黑松露牛排等一系列摆盘精美、口味别致的菜品端上长条餐桌。席间，众人有说有笑，谈论着关于香诺的一切。他们议论愈来愈热的天气，又兴致勃勃地提及政坛和娱乐界的丑闻、时装秀和知名展览掀起的时尚风潮，讨论自家宠物、珍藏的美酒以及最新口味的马坝烟草。辛朗用手指轻抚着玻璃酒杯，一边漫不经心地听他们说着不着边际的闲话，偶尔插上几句，虽然不是长篇大论，但却简明精准，不动声色地把控着饭局上话题的方向。

楚楚则安静地聆听着，也不主动讲话，逢人问起自己时，才作应答，其余时间她都用余光观察着身旁辛朗的一举一动。

“没想到现在连赤丽水森林都这么热，整个香诺就像一个大火球……”话题再度回到持续数日的高温天气，一位身形高大的男士在喝了几杯红葡萄酒后，浑身发热，不禁松了松领口，抱怨道。

“我听长辈们说，几十年前香诺还能见到雪，现在不仅没有雪，连雨水都比往年少了。”一位年轻时髦的女性接过话，她穿一条桃粉色波浪褶皱长裙，戴一条长长的珍珠项链，项链上则挂着一副心形边框的墨镜。楚楚觉得她很眼熟，思索了半天，才想起来原来她就是闻名香诺的广告界女王——娜娜莉。香诺大街上的精品时装店和眼镜店总会张贴她的海报。今日一见，真人果然和照片上一样美丽张扬。

“我甚至听说……”娜娜莉突然压低嗓音，故作神秘道，“我在坊间听闻一些关于末日的传言，香诺之所以越来越炎热，是因为太阳正在急剧老化……香诺迟早会爆发连绵火灾，几乎所有人都无法幸免……”

“娜娜莉！你从哪里听来的这些胡话？”另一位梳着高

高发髻的黑衣女性问道，她的声音清冷而傲慢。

“琳赛，我可没胡说，其实末日传言早就存在了，只是政府一直压着消息，没有让公众知晓罢了。”娜娜莉不屑一顾地哼了一声，她瞟了一眼心不在焉的辛朗，说道，“喏，辛朗肯定多少知道这件事，前不久总督才处理了一起反抗事件，就是和这则流言相关……”

男人们听了，都笑了，纷纷说道：“那是他老爷子的公事……辛朗能知道什么呀，他每天都是睡觉、散步和发呆……”

辛朗喝了点酒，眼皮虽有些沉重，但眼神依旧清亮，他略带倦意地抬起眼，看着娜娜莉，又像是目无焦点一般。只见他慢悠悠说道：“既然是上面不曾公开表态的事情，那就是禁忌。诸位应该知晓公开谈论禁忌话题，会是怎样的后果。所以朋友们，我们还是讨论些轻松愉快的事情吧。”

侍从见机行事，赶紧端来草莓巧克力蛋糕。琳赛见状，站起身来，优雅地端起酒杯，对着辛朗露出微笑。她提议道：“既然生日蛋糕都端上来了，不如让我们一起祝辛朗生日快乐……也欢迎我们的新朋友，楚楚。”

楚楚正百无聊赖地摆弄着桌上的银质刀叉，冷不丁地听到琳赛提及自己的名字，不由得受宠若惊，连忙举起桌上的酒杯。她还来不及细嚼慢咽琳赛刚才的那句话，便跟随众人一起为辛朗送上祝福。大家仿佛忘记了方才可怕的末日传言，转瞬便沉醉在欢乐的气氛当中。侍从再度将葡萄酒斟满。冰凉清甜的酒液下肚，楚楚整个人都不自觉地松懈下来。

他在欢声笑语中，回过头看向她，然后用酒杯轻轻触碰她的杯子，玻璃杯壁相互碰撞发出丁零的清脆声响。她于是觉得，觥筹交错的瞬间，仿佛彼此交换了心脏。

在迷蒙的目光中，她觉得眼前的场景仿佛童话一般美好而虚幻。重峦叠嶂的花海，琳琅的烛光，馥郁的香气以及晃动的人影和他们的盈盈笑语，一切都美得像一场梦境。既不真切，也不长久。但是她仍旧感到一阵幸福的眩晕，仿佛自身在融入一个温馨的团体，然而双腿却一阵酥麻，她不禁一下子瘫坐在椅子上，浑身松散无力。尽管在他人看来，她只是自然而然地坐下了。只有辛朗察觉出她有些醺醺然，于是贴心地为她拣了几颗新鲜树莓以及切了一小块奶油蛋糕，然后将绘着小兔子图案的白瓷碟子递给她。

"谢谢。"她接过，用手指尖拈起一颗树莓，放在唇齿间，"我有些头晕，想去吹会儿夜风。"

说罢，她便欲起身，但双腿却颤颤巍巍，怎么也使不上劲。辛朗见状，离开簇拥在一起准备跳舞的朋友们，来到她身前，轻轻俯下身，柔声问道："你还好吧，楚楚？"

"我很好，只是……有些没力气……"她软软地回答道。

"我陪你出去呼吸下新鲜空气，室内有些闷热，你的确会不舒服。"于是，他扶她站起来。尽管有些头晕，楚楚还是能独立行走。她不想在大庭广众之下太过依赖他。她自己心里也明白，其实她已经受到他许多照拂了。

尽管刻意保持距离，二人依旧贴得很近。咫尺之间，她甚至能感受到他匀速而沉稳的鼻息从头顶的发丝拂过。她紧张得不敢说话，实际上也无需多言，只要这样静默地感受着彼此就够了。就这样，辛朗扶着她下了楼梯，走出大门，最后两人心照不宣地走向花园深处。

花园尽头，是开阔平整的草坪。草坪之上，一棵高大的古树遒劲地扎根于土壤，庞大地延伸出浓密如盖的伞状树冠，将二人笼罩在深浓的阴影之中。倚靠粗壮的树干，向远望去，可以看到花园之外那月光照耀下波光粼粼的湖水。丝竹乐声隐没在身后灯火处，在澄澈夜色的掩映下，楚楚和辛朗来到的这个地方，只有独属于夏夜的寂静与安宁。

辛朗靠着树根坐在柔软的草坪上，又朝楚楚招手，示意她坐在他身旁。因为害怕弄脏衣裙，楚楚笑着摆了摆手。但辛朗不由分说地一把拉住她纤细的手腕，将她扯到自己身边坐下。楚楚趔趄着，身体前倾，近乎撞到他怀里。她的脸庞触到他胸口的衣襟，在那一刻楚楚感受到他温热的体温隔着单薄的衬衫传递到她皮肤，不由得浑身一个激灵。

“现在好点了吗?”辛朗用手指拨开楚楚额前凌乱的发丝，笑着问道。

突如其来的亲密接触，令楚楚瞬间清醒过来，她迅速端正坐姿，并用手慌乱地梳理好自己的头发。

“好些了，没那么晕了。”楚楚说道。

辛朗认真地看着她，仿佛是第一次这般专注而长久地凝视她。沐浴在清亮月光下的少女，安静而羞涩地低着头，宛如一株含苞欲放的白色鸢尾，纯净不可方物。

他的喉结动了动，沉声问道：“你送我的那幅卷轴，是什么？”

楚楚回答道：“是我画的一幅画。”

“画？”辛朗不由得生起好奇心。

“是的，希望你能喜欢。”楚楚有些不好意思，她绞着手指，说道，“这次来森林避暑，没有料到会遇见你……我事先并不知道你的生日，幸好所携带的行李中还有一些画材，所以我就画了一幅画，作为生日礼物……”

辛朗的心底深处泛起一丝奇妙的感受，类似于羞愧，但又有种莫名的窃喜。一时之间，他不知如何接话，只好说道：“让你费心了，谢谢。我会好好珍藏你的画。”

楚楚点点头，露出蜂蜜般甜美的微笑。她笑起来的时候，脸颊上泛起清浅的梨涡，令人望之沉醉，如同鱼儿深陷于荡漾的涟漪。

夜风夹杂花草香气吹拂而来，空气中热浪涌动。在这短暂的静默之中，辛朗内心的躁动越发强烈。她和他之间的距离如此微妙，仿佛两人都对彼此有意，但却都在刻意维持一段不痛不痒的关系。辛朗一时之间不知如何打破这一僵局，于是只能烦躁不安地咬着下唇。

“天气真热……这是我有生以来度过的最热的雨季。”楚楚解下白色蕾丝腕带，一边望着月亮，一边用丝带擦拭着额头上细密涔涔的汗水，轻声叹道。

话音未落，仿佛又想起什么，她转过头看向辛朗，认真问道：“方才宴席上，娜娜莉小姐说的是真的吗？香诺最后真的会因为太阳老去而燃烧吗？”

辛朗思忖片刻，继而回答道：“她口中的末日传说，不知是从何处兴起的流言。你在学校念书备考，那些修女们肯定不会让你们接触到这些市井传闻，但事实上，流言扩散的范围越来越广，已经有很多信众以此为由反抗政府，将事情越闹越大……”

注意到楚楚的表情浮现出一丝紧张和忧虑，辛朗于是顿了顿，劝慰道：“不过别担心，我父亲已经在处理这些事。况且，目前这只是毫无根据的传言。香诺近年来气温的确异常，但我想应该另有其因……而且，你父亲不是科学家吗？他和那些教授应该比我们更清楚情况……”

楚楚点点头，说道：“是的，如果真如传言所说，香诺最终会被焚毁，那依我对父亲的了解，他现在早就急得如同热锅上的蚂蚁了……”

说罢，两人都笑了起来。楚楚又问辛朗：“上次你说你去过沙漠，可以再跟我讲讲吗？”

辛朗看着她清澈的双眸，沉沦在她温柔如水的目光里，但仍然有些不解地问道：“你很喜欢沙漠吗？”

她的目光微微下移，眼里忽然多了一丝空茫。她喃喃道：“我读过很多书，其中有关于风沙和星辰的故事……尘归尘，土归土，沙漠有一种绚烂过尽的寂灭，一种尘埃落定的萧瑟。热艳却又冷寂，就好像末日预言中香诺的结局——一切终将被焚毁，余留的只是灰烬。”

“所以，你才会对末日预言感兴趣……”辛朗突然感到自己从未真正了解过楚楚，从未探寻过她幽深而繁荣的内心世界。

“沙漠很热，比香诺城区还要热，但那种热是一种火辣辣的滚烫，而非潮湿的闷热。”辛朗不禁回忆起此前孤独的旅行，“但是到了夜里，星星升起，万籁俱寂，沙漠又变得很凉快。风来的时候，可以看到沙丘像影子一样追逐月亮漂泊流浪，很有趣……”他一边说着，一边笑着用手指模仿奔跑的动作。草坪如同湖水一样倒映出两人的身影，以及辛朗变幻跳跃的手形剪影。

楚楚听得入神，不自觉地靠近他。她将手肘支起，目不转睛地看着辛朗，思绪随着他说的话悠悠飘荡向幻想世界。

“沙漠的落日很美，盛大的夕阳好像要吞没天地，你会感受到——你站在火焰深处，站在太阳的凝视之下。那浸染一切的壮丽的橘红暮色，会令你感到身心都得到净化……”

“那个时候，你在想什么呢？”楚楚问道。

辛朗望着远方如同星河一般璀璨的湖水波光，失神地喃喃道：“说起来，那时只觉得心里安静，很孤独，感觉自己渺小如尘，但并没有那种凄恻的悲凉……或许就像你所说，在那时，我也有一种仿佛看到结局的宿命感，那是尘埃落定的空寂……”

说这话时，楚楚看着他，眼神复杂，神色凝重。她努力压抑自己狂乱的心跳，但仍然有一种灵魂震颤的狂喜如同潮水漫上身体内壁。

她在那一刻，知道自己的灵魂认出了他。

辛朗回看向楚楚，一时之间也被她炽热而肃穆的眼神震住。月光辉映，树影摇曳，夜风拂过他们的衣衫，吹皱澎湃的心绪。他小心翼翼却又满怀希冀地挨近她，头颅微微往右侧倾斜，高挺的鼻梁缓缓贴近她小巧玲珑的温凉鼻尖。

“我从没有在沙漠见过海市蜃楼……”

“但是，此刻……”他的鼻息渐渐急促而紊乱，嘴唇也开始发烫。他说话时呼出的温热气息喷吐在她同样滚烫的脸颊。天空中突然升腾起绚丽盛大的焰火，巨大的烟花在他们的头顶绽放开来——那是他为她准备的烟花秀，恰巧此时在夜空之中上演，如诗如画一般演绎一场浩大的梦幻。

“我希望能和你一起，看见它，看见命运……”

话音未落，黑暗之中焰火盛放，轰轰烈烈的声响淹没他低沉的耳语，于是他在划破寂静的璀璨光芒之中，亲吻了她。

星空光辉万丈，远处灯火辉煌，湖水浮光跃动，树影深浓如墨。在这炎热的夏日，在这绢花般的永恒之中，他们互相亲吻彼此。这浪漫而长久、稚嫩而笨拙的接吻，仿佛打破时间的桎梏，从此沿着月光溯流而上，漫游流淌在不同维度的世界，并横亘于彼此从始至终的生命年华。

他的气息如此悠长，携带青草苦涩与清雅的芳香。他柔软的嘴唇覆盖于自己的双唇之上，在那一刻，楚楚感到身体内部有一股暖流汹涌激荡。她不禁捏紧了手指、夹紧了双腿。

然而随之而来的，是一点星火，在那黑暗之中跳跃着，如星子般闪烁着，最后愈燃愈烈，并织连成片。于是，她在怦然心动的甜蜜中，在深沉的虚无之中，猝不及防地目睹命中注定的那场大火，以及消失在火焰深处的那抹心仪的身影。

那是爱情的火焰吗？还是终结她与他宿命的大火——那牢狱一般密不透风的末日之火？

她霍然睁开眼，好像浑身从头到脚都沸腾起来，以至于她不由自主地在一瞬间推开他，但却又在推开他的那一刻，立刻清醒过来，心中顿觉懊悔。

可恐惧如同火焰焚烧而过，万物荡然无存，唯有心间留下可怖的黑色痕迹。她被自己方才看见的幻象震慑住，甚至突然不知如何跟辛朗解释。

“我……我还是有些不舒服……我先回去了……”她结结巴巴地说道，然后迅速站起身来，提起裙裾仓皇而逃。

辛朗没有预料到自己会被拒绝，一时之间有些恍惚，愣愣地坐在原地。他回头望着楚楚消失的方向，只觉得大脑一片空白。

河倾月落，馀欢未歇，佳人却翩然而去。方才温情一刻如同梦幻泡影。只有他自己，此刻像个落魄的痴情种，颓唐地坐在草地上，久久不能回过神来。他感到内心震颤，一种深深的挫败感和无力感狠狠地攫住他的心脏，以至于过了许久，他的嘴角才因为内心强烈的痛楚，反而慢慢泛出一丝自嘲和落寞的微笑。

对于楚楚来说，月色之中那个突如其来又蓄谋已久的吻，像一把钥匙，从此彻底撬动她身体深处情欲的枷锁。而她像一个逃犯，拼命地向前奔跑，想要逃离命运终点那场大火的疯狂席卷和逆流追逐。

第三章　逃离爱狱

1

由于那场不合时宜的幻景，赤丽水森林之旅仓促地结束了。楚楚近乎执拗地哀求令秋同自己一道提前返回城区。令秋不知究竟发生了什么，以为楚楚在贵族名流聚集的宴会上犯了错误，于是忐忑不安地收拾好行李，和楚楚一同坐上租赁的长途客车，连夜赶回家里。

“事实上，那个时候，我只想逃离……逃离那场大火的幻境，以及幻境破灭之后，与他相对无言的尴尬处境。”后来楚楚在那本画册里这样写道。

在她动身启程的时候，天空中的焰火突然熄灭，森林的大雨倾盆而至。雨水令道路变得泥泞不堪，汽车于是艰难地穿梭在盘桓的山路间。与辛朗的不告而别令楚楚心烦意乱，这场突如其来的大雨，更像是命运的某种隐喻，在她起伏不定的心绪浪潮中若隐若现。

湖畔山庄处，丝竹声萦绕不绝，朋友们依然吞花卧酒、寻欢作乐，唯有辛朗失魂落魄地回到自己偌大而空荡的卧室。他颓然倒在雪白的床榻上，用手指轻轻按住自己因为亲吻而变得火热的嘴唇——那上面还残留少女芳唇的可爱余温。他听到窗外忽然降临的浩大雨音，而此时此刻，厅堂内的竖琴琴弦不知被谁轻柔拨动，一阵哀伤缱绻的弦乐声幽幽回荡在整座山庄，像羽毛一般，悬浮在空中，寻不到可以栖落的归宿。

"愿诸神俯允我，从爱情中脱身。在虚无的高处，拥有冷冽的自由。"[1]

乐队伴随着波浪般悠然摇晃的琴声，唱诵起美妙的诗句。辛朗静静地聆听着，感到自己内心深处的悲哀如雨水一般恣意漫延。他细细回味着方才与楚楚相处的种种细节，蓦地想起什么，于是摇铃召来管家。

"把那幅画拿来给我。"他说。

管家不解地眨眨眼，问道："您说的是哪一幅?"

他有些焦躁，语气不耐烦起来："就是楚楚今晚送我的礼物。"

"好的，我明白了，您稍等。"管家会意，连忙折返，为辛朗取来那幅用黑天鹅绒包裹着的竖长卷轴。

他接过卷轴，挥了挥手，示意管家离开。然后，他来到

---

[1] 引自佩索阿《我的心迟到了》

浴室，松开领带，轻轻挽起半截袖子，在盥洗池前拧开水龙头，挤了一点沾染茉莉和橘子芳香的泡沫之后，认真将双手洗涤了一遍，这才踱步到书桌前，就着鹅黄色台灯光芒，小心翼翼地解开系成蝴蝶结的苔绿色丝带，将那幅画从黑色绒布套子中取出，于橡木桌面上慢慢铺展开来。

随着卷轴缓缓开启，一抹纯净浓郁的克莱因蓝顺势流淌出来，在雪白画卷上蜿蜒勾勒出一位男子英俊而锋利的侧颜。画中，他坐在车上，窗外是连绵不绝又缠绵悱恻的蓝色雨水。他也是蓝色的——蓝色的身形轮廓，蓝色的头发和衣服，蓝色的双眼中透露出略带疲倦和落寞的眼神。一幅蓝色的画，又宛如蓝色的剪纸，惟妙惟肖，却又不过分写实，反而流露出一股写意的真情。

而观画之人，此刻正沉浸在克莱因蓝的感伤之中，而窗外，此刻也正好轮回着记忆里那场大雨，黑暗的夏夜之中，爱情变得像雨中草木一般静默如谜。

雷声隐隐，闪电不时划过漆黑天幕，如同利刃一瞬间劈开混沌天地，在浓黑如墨的天空之中撕扯出一道雪白骤亮的伤痕。汽车在暴烈的雨水中缓慢前行，一路上，楚楚都缄默不语，令秋则忧心忡忡。历经长途颠簸，各怀心事的两人终于在次日晚上抵达熟悉的红顶别墅。这场突如其来的大雨猛烈、漫长、潮湿且可怖，直到楚楚的双足踏上门前的白石台阶，才淅淅沥沥地停歇。

书房的灯光仍旧亮着，电风扇摇晃着脑袋吐纳凉风，星球仪自动缓缓旋转着古老版图。楚楚没有料到父亲竟在家，并且还在伏案研究，一时诧异，竟忘记敲门，径直走进了书房。只见两鬓斑白的科学家正埋首于高耸入云的书卷之中，左手扶着老花眼镜，右手捏着钢笔，在草稿纸上计算着什么。他如此全神贯注，以至于没有注意到楚楚轻灵如猫儿的脚步。

“爸爸，你在做什么?”她站在他的椅子背后，轻声问道。

科学家猛然回头，那一瞬，楚楚捕捉到从父亲眼里一闪而逝的惊恐。当确认来人是自己女儿的时候，科学家这才松了口气，浑身松懈下来。

“下次记得敲门。”他沉声说道。

他并没有询问楚楚为何提前回来，好像他并不关心这些细枝末节的家常琐事，这不禁令楚楚感到有些失望。

“爸爸，我在森林里，遇到了一个人。”她平静地叙述道，“他是总督的长子，想必你知道他。”

“嗯……以前见过几次……怎么了?”父亲漫不经心地回答道，目光始终没有离开泛黄的书页，“你和他交朋友了?”

何止是交朋友呢?倘若真的只是朋友的话，也许事情就不会那么复杂了吧。

楚楚没有正面回答父亲的问题，她说道：“我想我应该去看精神科医生。”

“为什么?”父亲仍旧没有回头看她。

楚楚有些烦躁不安地咬着拇指，啃着自己柔嫩的指甲，喃喃道：“我产生了幻觉……在……在和他相处之后……”

“你看见了什么?”父亲终于舍得用余光瞟她一眼，但语气依然波澜不惊。

楚楚深深地吸了一口气，缓缓闭上双眼，开始回忆起烟花之下的亲吻，以及幻境中升腾的火焰。伴随黑暗降临，那恐怖的火焰浪潮仿佛又开始蠢蠢欲动。

她颤抖着双唇，恐惧地喃喃道：“大火……我看见焚毁香诺的末日火焰，看见他……被大火吞没……”

楚楚父亲回过头，用一种难以置信又冷静审视的目光盯着楚楚，眼神如同鹰隼一般锐利。他开口问道：“你说你看见了火?”

楚楚以为他不相信，立刻解释道:“是的，我真的看见了!我看见太阳坠落，香诺像个大火球一样熊熊燃烧，所有一切都没了，他也消失在火中了……”说到后面，她的声音不由得沾上了哭腔，一股灵魂深处的悲伤突然涌上来，令她不禁掩面垂泪。

“爸爸，我不知道自己是怎么了……我以为我是喝醉了，可是，我真的看见了，我害怕极了……”她竭力压抑自己的泪水，但仍然忍不住啜泣着。

科学家沉默了，他若有所思地用手指摩挲着书页，半晌，才叹息着喃喃自语：“也许这是命中注定……”顿了顿，他转过身，轻轻拍了拍楚楚的肩膀，说道，“别害怕，这可能是你的一种天赋，就像宗教传说里那些拥有神谕能力的孩子一样，所以不必过于担心。或许是你的潜意识在作祟，而你要穿透恐惧，去看见自己真正渴望的是什么。”

“还有，我不知道你是否接触到什么流言，但是，我的女儿，我一直在尽力保护你，你要知道这一点，并且离那些不着边际的惑众妖言，越远越好……”

听了父亲的话，楚楚终于镇静下来，她用手背擦了擦眼泪，乖顺地点点头。

不过，科学家仍旧感到纳闷，他不由得多问了两句：“你和他做了些什么？为何会突然产生这样可怕的幻觉？”

犹豫了半天，楚楚才嗫嚅道：“他吻了我。”

“这个臭小子……”科学家不禁脱口骂道，然而话音未落，楚楚却又紧接着说道：“可是我很开心。”

“楚楚，你的任务是参加联考，毕业以后到政事厅工作，将来成为一名优秀独立的女政治家！大考在即，你居然还在和一个公子哥拉扯！”科学家顿时哽了哽，半晌才苦口婆心地劝诫楚楚。他甚至恨不得拿起桌边的戒尺敲打这个不谙世事的天真少女。

“我知道。”楚楚吐了吐舌头，转身便溜出了书房，“我先去休息了，爸爸。”

说罢，她合上房门，一阵烟似的逃走了。

看着楚楚离去，科学家重重叹了口气，凝重而忧虑的神色这才浮上紧蹙的眉头。他转回椅背，面对浩渺如瀚海的书卷，重新开始寻找注定无解的答案。而墙角的阴影之中，纸篓里面废弃的草稿上写着一行行复杂的公式，每一条公式末尾，都标注着一枚熊熊燃烧的太阳的神秘符号。

楚楚回到自己的卧室，熄灭了灯烛，和衣静静睡下。天鹅绒一般的黑暗温柔地覆盖住她，心中悸动如蝴蝶飘荡久矣，此刻也终于得到片刻安歇。爱情是什么？是一种宗教情绪吗？否则，她为何怀有这样痛楚的情意？在这充满预示意味的缤纷流焰中，她体会到一种命运层面的悲伤，以及这段关系背后隐藏的巨大创伤和深沉黑暗。但这肃穆神圣的痛苦，并不属于他们两人，而独属于造物者。迷蒙睡去之前，她不禁浮起一个念头：如果世上有神明，当他观望自己所创造的这场游戏的种种生灭变幻，会感到孤独吗？寂静虚空中，一个熟悉但模糊的瘦弱身影若隐若现，虽看不真切，但仿佛知道他也许就是神明……随着困意上涌，这念头也轻若鸿毛一般飘浮而过，又如同风中最后一丝烛火猝然熄灭，袅袅消失在意识世界的深远处。

离开森林后的这段时日，楚楚一直待在家中复习功课。她尽力使自己沉浸于书卷，甚至连画笔都不曾触碰，以此来忘却失去辛朗的失落与不安。尽管如此，仍旧时不时起念动心，回想起那天晚上他的英俊轮廓和优雅身姿，久久无法自拔。他像一束光，从上往下笼罩着她，令她在不经意中，活在他的影子下。光阴一瞬不停地流转，在这落寞的寂静之中，楚楚感到自己灵魂深处仿佛悄然滋生出藤蔓，并渐渐与隐秘的神性相连。随着时间推移，那天晚上火焰纷飞的可怕幻境以及此后连绵不断的噩梦困扰，终于在离开辛朗后的第十五天彻底消失不见。

也正是楚楚回学校上课的日子。这一天，楚楚早早地便起床了。由于昨晚睡了个好觉，今早她已褪去前些时日的慵懒随性，露出生命内在蓬勃昂扬的朝气。她换上蓝黑相间的校服裙，戴上领结和手表，摘掉青玉耳环，并梳起高高的马尾，最后穿上泛着低调光泽的玛丽珍皮鞋。一切准备妥当之后，她提着黑色书包走下楼梯。父亲、令秋以及姆妈正围坐在餐桌旁用早茶，见楚楚下楼，纷纷招呼她过来。

“你今天回学校上课，有些事我要嘱咐你。”父亲开口道，“香诺最近很不太平，前两天总督府又派人镇压了北街巷的一起暴乱，这已经是这个月第四起治安事件了，所以你放学后不要随处闲逛，我会让令秋和司机来接你。”

楚楚心不在焉地应了一声。她用餐刀将黄油涂抹在吐司面包上，然后轻轻咬下一口，一边吃一边问道：“还有什么事吗，爸爸?”

“没什么，接下来你好好准备考试吧。”父亲说着，用餐巾擦了擦嘴，便站起身准备出门，“我最近会很忙，不经常回家，你要听令秋的话，照顾好自己。”然后，父亲意味深长地看了一眼楚楚，本想开口问点什么，但又欲言又止。恰巧此时，清脆的门铃声响起——理事会的工作人员已在门外等候。于是，一身正装的科学家赶紧拎起公文包，匆匆出门了。

局势比想象得更加紧张，尽管香诺一向充斥疫病、流言和暴力，人们对此早就司空见惯，但像今天这样铺天盖地的阵仗还是相当罕见。此刻，隔着车窗望去，街上随处可见提枪巡逻的警察队伍。他们身着笔挺威严的黑色制服，肃杀地立于惨白的烈日之下，神情冷漠而严肃，但目光却阴鸷锐利。

隶属总督府的这群警署人士训练有素、纪律严谨、行事果决、作风狠辣，香诺人民总是暗地里称呼他们为“乌鸦”。因为在香诺的语境中，乌鸦总是与黑暗、恐怖、死亡的意象密切相关。楚楚漠然看着这群漆黑乌鸦无声无息又极具压迫感地穿梭于大街小巷，突然明白为何辛朗身上总是萦绕着一种阴郁沉闷的气质，应当是和总督府豢养的这群猛厉阴狠的爪牙有关——积年累月的耳濡目染，令他也渐渐显现出暗影般沉郁的俊美，以及不知何时具备的一种钝藏在黑暗深处的锋利。

放下车窗帘子，又辗转行驶过一条长街，车辆终于在学校门口停下来。身穿亚麻制服的女教师们和守卫站在一起指引庞大的学生群体。楚楚原本心不在焉，只是乖乖排在学生队伍里等待入校。然而不远处却隐约传来一阵人群骚动的喧嚣。虽听不真切，但能明显感到危险和压抑杀气腾腾地逼近。教师们顿时提高警惕，也顾不上挨个登记名字，连忙催促学生们赶紧进入学校。就在人群局促不安地开始涌动之时，不远处突然爆发几声猛烈的枪响。

一时间，人群如猝然炸开的浪花，惊叫声四起，尖锐而恐慌的惊呼如同玻璃划破耳膜。学生们捂着头，蜷起身体，惊慌失措地蜂拥而上，齐齐挤向校门。楚楚被夹杂其中，差点摔倒在地。她踉跄着被迫向前，在这疯狂的推搡与蔓延的恐惧之中，她不经意回头，却在一瞬间瞪大了眼眸。

不远处，一群荷枪实弹的“乌鸦”扑棱着黑色的翅膀迅疾飞向学校，似乎在围追堵截什么。然而，在这黑压压的死神身影之中，却有一个清瘦挺拔的轮廓分外显眼。他不疾不徐地跟随在“乌鸦”的带领之后，神情淡漠而从容。一袭黑衣清冷寂寥得如同山涧冰雪。眸光冷寂空远，映着烈烈纷争与闹剧，喜怒皆不形于色，仿佛世间交火与他毫不相干，他只是那个隔岸望山火如欣赏艳丽光焰的过客。

楚楚努力扭转身体，拼命想要看向他，她甚至想呼唤他的名字，却又喊不出口，同时，心下疑惑：他为何会出现在这里？

脱离了往日倦怠散漫的外壳，独属于他内在的那份寒冷与黑暗的特质，在此刻如同利刃出鞘般折射出凛冽的锋芒。而她承受住了他的光。

仿佛是冥冥之中感知到什么，又可能只是巧合，毕竟他们正经过人群密集的学校，于是辛朗朝校门口漫不经心地瞥了一眼，然后，他看到几乎快被人潮淹没的楚楚。

她用来束发的丝带在拥挤之中掉落在地上，浓墨般乌黑的长发如瀑布披散下来，在夹杂淡淡硝烟气息的风中，发丝轻轻垂落至腰间。她看向他的眼神清澈似泉水、惊惶如小鹿，目光深处则泛起血丝般细密的痛楚。

而在楚楚看来，他看她的眼神却是灰漠的，仿佛她是没有色彩的陌生路人，仿佛她从此只是他记忆中的一抹单薄剪影。他看向她，不过五秒钟的对视，不带任何感情，甚至连疑惑、愤怒或厌恶都没有，然后便默不作声地将视线移开，随即在警察队伍的簇拥下快速离开了。

在他别过脸向前走去的那一瞬，楚楚感到自己像是从头到脚被浇了一盆冰水，心脏蹙地揪紧，整个人呼吸都短促起来。她像是被抽干了灵魂，生起一种奇怪的感受——好像自己突然被抛弃。可是这样的结果，难道不是她自找的吗？更何况，贵族与平民，又或者一位正常男子与一个可能患有某种精神疾病的女子之间，本就没什么可能吧。最终，万念俱灰的楚楚，像一个纸片人一样被夹在人群中，默默地走进了学校。

学校很快围起了警戒线，学生们也无心上课，大家既兴奋又忐忑地等待最新的官方通告。教室里欢声笑语、乱作一团，女学生们有的坐在一起吃零食聊八卦，有的独坐于窗前看连环漫画。唯有楚楚对一切都不感兴趣，她找了个借口离开闹哄哄的教室，独自一人来到后花园深处的图书馆。图书馆的露台上，紫藤花静美绽放，鸟啼声依然啁啾悦耳，但楚楚却心情沉重。在偌大的馆内，她沿着旋转楼梯拾级而上，手指划过壁柜里那些陈旧的书籍，脑海里不断涌现她和辛朗从相识到现在这段短暂时光里所有的画面。

“没想到，这么快就结束了……”她情不自禁地喃喃道。

有飞鸟从窗外掠过，惊起一团花瓣如雪粉簌簌掸落。在翅膀的扑棱声中，楚楚回过神来，这才注意到自己手上不知何时拿了一本画册。姜黄色牛皮纸的画册封面上绘着一团桃粉色火焰，火焰中央是一轮橘红色的太阳，而太阳之上又画着一只流泪的克莱因蓝色眼睛。很奇怪的一幅画，有着说不清道不明的宗教意味。尽管心里知道教会曾捐赠给学校一批书籍，但楚楚还是感到有一股不祥的预感如乌云低低盘旋在心间。直觉告诉她，这本书也许隐藏着香诺的秘密，她本想翻开书页，但出于某种顾虑，她迟迟没有打开那本画册。因为她心里知道自己不能疯掉，否则她和辛朗就再无一丝可能。

不能让幻境重来，就算幻境是构成自己的一部分。

这样想着，楚楚偷偷将那本书藏在自己的校服外套里，离开了图书馆。回到教室，楚楚赶紧将秘密画册放进书包。而这时，戴着椭圆镜框的修女叫住了她。

“楚楚，有人来接你回家。”修女用一种怀疑和审视的目光细细看着她。

“啊……是我父亲让令秋来的吗?”楚楚问道。

然而修女冷冷一笑，用一种嘲讽的口吻说道：“去看看不就知道了？人家可已经在校门口等着了。”

楚楚不明就里，只好提上书包，对修女道了声再见，然后快速小跑着来到校门口，但却没有瞅见令秋的身影，只看见一辆黑色的警车宛如大船静静停泊在那里。由于方才学校附近的暴乱，楚楚因此没有在意这辆车，以为不过是维护安全秩序的警察将其停在这里，但正当她东张西望往前行去的时候，身后的车窗却摇了下来。

辛朗坐在车内，淡淡道：“你是打算一个人走路回去吗?”

楚楚蓦地怔住，只觉得血液在这一瞬间凝固。片刻后她转过身，用手将垂落在身前的长发撩到肩后，目光闪烁不定。她弱声弱气地确认道："是你来接我吗？"

辛朗一时哽住，没有说话，半晌才嗯了一声，别过头去，含糊道："还能有谁……"

"可是……上午那会儿，你为何在这里？"

"快上车吧，这位小姐，我们送您回去。现在这附近不安全，还有逃犯没抓住呢！"司机探出脑袋，催促楚楚赶紧坐上车来。

楚楚只好打开车门，坐进后车厢。辛朗坐在前座，因此她看不见他，只能感受到密闭狭小的空间中他若有若无的清雅沉香气息。

"我帮我父亲处理点事情，他最近很忙，有很多事顾不上。"待楚楚上车后，辛朗解释了方才她提出的问题。

"嗯，我父亲最近也很忙，今天理事会的人来请他去参加听证会，之后这几天他甚至都不会回家……"话说到一半，楚楚突然觉得自己的话有歧义，于是赶紧住嘴。她真蠢，这样说话显得她在故意暗示他一样，于是她话锋一转，连忙说道："是我父亲拜托你来接我的吗？"

可是，这个问题好像也不怎么聪明，她很清楚依照父亲的性子，是不会恳求总督府庇护的。更何况，他都没和辛朗真正打过交道呢。

辛朗没有说话，楚楚以为他之所以沉默，是不屑于回答自己无聊的问题，于是感到更加尴尬和难受。直到那件事发生以后，她才恍然大悟为何当时听到她提及自己父亲，而他始终保持缄默。命运竟编织了一个百转千回的冷笑话。

一路上，两人无言，彼此都没有主动提及那个吻，以及和那个吻相关的所有事，比如森林里那场邂逅，又比如夏夜的那场盛宴。仿佛他们之间不曾产生任何牵绊，他和她又回到初见那天拘谨、礼貌但沉闷的相处模式。

这样的感情，生硬、硌手、钝痛。这样的感情，是一道伤疤。

车辆穿行过因暴乱而被焚毁的断壁残垣，最终稳稳当当停在红顶别墅门前。令秋迎了上来，看见辛朗护送楚楚回家，很是惊讶，但讶异之余又有一丝欣喜。此前她一直琢磨不透那晚究竟发生了什么事，现在看来，楚楚和总督府之间依旧保持友好往来，这便是令人欣喜的事。令秋邀请辛朗移步室内喝茶，甚至问起他，上次赠送总督府的山桃是否可口。辛朗同她简单寒暄了几句，本想婉拒，但奈何令秋热情诚恳，一时推辞不过，便下了车，跟随楚楚和令秋走进别墅大门。

这是辛朗第一次真正走进楚楚的家。此前，他只是在车辆行驶过红顶别墅门前的时候，稍稍摇下车窗任目光停留在此地片刻。现在，他不动声色地用余光扫视过室内的装潢陈设，试图捕捉楚楚往日记忆的痕迹，仿佛想要剖析他所爱慕之人的内在构成，尽管楚楚此刻正站在他身前。

“坐吧。”楚楚拉开椅子，请他坐下。然后，她走上楼去，很快换了一身衣裳。

一条绿色的吊带裙，柔光缎面材质，裙摆微微洒开，走路幅度稍大一点就会带起层层叠叠荡漾绽开的涟漪。辛朗看着她身着一袭绿裙款款下楼，一时有些失神。他只知道她穿白色裙子显得纯净皎洁，却未曾料想她穿绿色竟如此惊艳。

只见楚楚用微微透明的金色丝带松散地束拢起乌黑的长发，耳间晃荡着水灵剔透的青玉耳坠，纤细白皙的手腕上戴着一圈红绳，上面串着一枚桃核。她不紧不慢地走下楼，趿拉着拖鞋去厨房里端来抹茶饼干和热红茶。令秋则挽起明黄色的灯笼袖，洗净并切好一盘新鲜桃子。

辛朗坐在铺着印花软垫的桃木椅子上，看着眼前忙碌的女子，有些无所适从。尽管他已习惯被人服侍和照顾，但看着楚楚在厨房和茶厅穿梭奔忙的身影，还是莫名地觉着不习惯。实际上，他不能在这里停留太久。一念及此，他就心有愧疚。

自赤丽水森林一别，他一直压抑自己，也罕见地顺从总督意愿开始参与政事，寄希望于用繁杂棘手的公务来占据自己全部时间，然后慢慢忘掉楚楚。可是，今早不经意的一瞥，望见遥远人群中瘦小的她散开头发的那一瞬，内心深处被狠狠抑制住的欲念，最终还是撬开了理智的锁。

她注定为他宽衣解带——他就是在那一刻，毫不犹豫地确认了这件事必然发生。

欲念的胚芽一旦破土而出，便以惊人的速度疯狂蔓生滋长开来，并急不可耐地渴望结出鲜美的果实。等到下午那会，他已是心乱如麻，再也忍不住想要找她的冲动，照理说来，在这个特殊的关键时期，他是不能和科学家的女儿见面的，但他还是一意孤行地选择了庇护她。

他们喝了会茶。辛朗和楚楚的话都很少，反倒是令秋兴致高涨，滔滔不绝地谈论起关于红顶别墅的一切，直到玄关处的水话机冒出咕噜咕噜的提示铃声，令秋才离开座位。

楚楚拈了一小块桃子放进嘴里，缓慢地咀嚼着。桃子很甜，在吞咽果肉的那一刻，她不经意抬起眼，和他对视。他的双眼黝黑而澄澈，眼白在光线照耀下，泛起微微的婴儿蓝。他的眼睛是这样好看，勾人心魄。她一时哽住，桃子卡在喉咙深处，呛得大声咳嗽起来。

“楚楚，你怎么了？”见她突然满脸涨红，咳嗽不止，辛朗脸色一变，迅速站起身来，来到她身后，伸出手扶住她，并用手不停拍打她裸露的肩背。她清瘦的背部此刻微微弓起，白皙皮肤上细小的猩红色颗粒因为剧烈咳嗽而清晰分明地起伏震颤着。不知是不是他的错觉，当他的掌心触及她肌肤的那一刻，他感觉到少女的身体迅速战栗了一下。

桃子终于呛了出来。

“不好意思。”楚楚的脸庞已绯若云霞，她用纸巾包住那块裹满唾液的小小果肉，然后将其扔进脚下的揶纸篓里。辛朗不作声地给她递来一杯茶，她沉默着接过茶杯，抿了一口茶之后，仿佛下定了什么决心似的，抬起头，看着辛朗的眼睛，轻声问道：“要不要来我房间待一会？”

半开的窗户，有风拂过衣衫，后背上残留的温凉余温因此如同烈焰熊熊燃烧起来。

辛朗一时之间不知如何接话。他心下揣测，也许楚楚是想要解释那晚拒绝他的原因，又或者是告诉他不告而别的理由。

但是……即使解释了又能如何呢？从他回到香诺城区开始接手总督工作那一刻起，在知道那件事之后，一切就已经不可能了。也许今后，连照拂她都是奢望。

见辛朗沉默，楚楚以为他在犹豫，于是恳切道："就一小会儿，可以吗?"

辛朗微微摇了摇头，说道："不了，我还有事，先告辞了。"

楚楚捏着茶杯的手指紧了紧，不禁说道："辛朗，我是想告诉你……"

"走了。"未等话语落下，他便果断站起身来，朝门口走去。楚楚愣在座位上，看着他离去的坚定背影，一时有些茫然无措。紧接着，一种深深的眷恋与难过再度漫上心头。这一次，轮到她失魂落魄地待在房子里，觉着自己所爱之人如同一个若即若离的谜，难以拆解，渐行渐远并最终消失在命运森林的迷雾中。

辛朗走出红顶别墅的大门，疲惫地望着漫天霞光，感受空气中异常猛烈的热浪汹涌袭来，突然有种如释重负的感觉。天空布满红霞，云朵漂浮，热浪涌动。橘红色天幕宛如火海。

也许今后，如今日这般，能护她周全，就是最好的结局了。他这样想。

然而，当他打算再驻足回望一眼心爱之人的居所时，远方山峦已是烈焰一片。

山火就这样猝不及防地爆发，连绵不断的火焰浪潮从无尽的远方蔓延至城区之外。这场突如其来的大火，不知何故在世间熊熊燃烧。自从他望见那片大火开始，它似乎便注定为他热烈，且永不再停歇。一开始，城镇居民并未将这场大火当作灭世的灾难，以为不过是一个可恶的烟头引发的意外。尽管报童挥着报纸在大街小巷奔走相告，香诺的人们仍旧不以为意，甚至在护城河畔设了凉棚，摆上冰激凌和水果，供贵族们观赏遥远隔岸的茫茫火海。

楚楚身着绿罗裙，用素银簪子挽着松散的发髻，百无聊赖地坐在卧室里靠窗的藤椅上。她将手肘支在窗畔，微微探出头，长久地遥望远方艳丽泣血的火焰，静默而寥落。大火已绵延不绝地烧了整整三天，而父亲始终没有归家。她打探不到父亲的消息，也不知为何辛朗不再来找她，与此同时，梦境里那场毁灭香诺世界的大火，竟然真的降临到世上，如真如幻如画地在隔岸烈烈舞动。

于是她回想起夜里，那些缠绕着火焰的暧昧梦境。在破败昏暗的狭窄牢狱之中，在酒渍浆果的甜美气息萦绕中，她看见“楚楚”慢慢褪下枣红色的裙衫。朦胧黯淡的灯光笼罩下，他的脸沉浸在阴影之中，看不真切，只伸出一只遒劲有力的大手，轻而易举地捏住她纤弱的手腕，将她扯进自己怀里。于是她像一只蝴蝶，沉醉地跌落于花朵温柔的怀抱。情欲如同火焰滚烫地烧灼，火苗舔舐过身体每一寸肌肤，不留痕迹，却又刻下永久的烙印。

她在梦里，目睹“楚楚”和他热烈欢爱，于是开始确信，她真正地看见了自己的命运。

然而火焰愈燃愈烈，并最终无情地吞噬一切。牢狱被火焰围困，如同沉沦于深海、无法得到救赎的孤岛。大火将这香艳旖旎的画面席卷裹挟至热浪之中，转瞬间梦境便化为灰烬。

难道我们会被活生生烧死在牢狱中吗？

楚楚一个激灵，霍然睁开眼，从诡谲的梦境中惊醒，浑身震颤不已。她坐起身，喘着粗气，胸腔剧烈起伏，久久无法从恐惧中脱身。窗外隐隐泛起血红的光芒，隔着窗纱也依旧能感受到火焰无声无息的逼近。她慌乱地下床，奔到窗前，望向黑夜中闪烁着红光的远方山峦。

腥热的夜风吹乱她的头发，将她夺眶而出的眼泪带走。

她心里想，那场属于她和他的末日之火，如今真的来临了。

命运突然显现，宛如神祇降临。

"楚楚。"一声呼唤打断了她的思绪。她回过头，看见令秋正神色担忧地立在门口，手里抱着一叠白色的衣服。楚楚淡淡看了一眼，便知道那是辛朗送给她的雪白礼服裙。

"这件裙子我帮你挂在衣橱里吧。"令秋一边试探性地说道，一边走进房间。事到如今，见楚楚茶饭不思的忧愁模样，令秋心里也猜着了七八分，但楚楚未曾说破，她便只能揣着明白装糊涂。

"不用了，我不会再穿了。"楚楚摆了摆手。

"为何？"

"我不再适合这样纯净的白色了。"楚楚微微苦笑，顿了顿，又压低声音悄悄说道，"反正已经回不去了……"

"这样好的裙子，扔了实在可惜，我还是替你好好收起来吧。"令秋叹了口气，抱着衣服正欲转身，忽然想起了什么，又停住脚步，缓缓说道，"楚楚，如果你和他之间有什么误会，还是得说清楚才好，不管结局如何，至少别留遗憾。"

楚楚没有说话，她只是不再遥望山火。她的目光如月光沉落，方才面上苦涩的微笑如同雨滴蒸发殆尽。

"令秋，我不喜欢这种感觉，如果这就是爱的话……"她若有所思地说道，"爱就像火焰一样，只可远观，靠近即被焚毁。"

令秋费解地眨了眨眼，没有听懂楚楚的言下之意。她自然无从知晓楚楚的梦境，以及梦境中那些关于爱情和命运的隐喻。于是她仍然从俗世事务的层面固执地坚持道："这几天，总督府的车都会经过红顶别墅，而且每次都是停留了一会才离开，我想稍微知情的明眼人都能看出他对你的情意，尽管你和他是注定不可能的，首先是身份差距，其次你父亲也不会同意，可是他毕竟将来要承袭总督的位置，所以你还是得……"

"别说了。"楚楚用手臂环抱住双膝，她别过脸，恰巧有风拂过，于是窗纱罩住她的半张脸。于是，她的一只眼睛看见光，另一只眼睛沉浸在阴影中。

"我不会去找他的。"她喃喃道。

令秋有些气恼，尽管她也不知道自己在着急什么。也许是因为当下火灾蔓延、时局紧张，而楚楚父亲却始终不曾回来，仿佛消失了一般，对仍留在红顶别墅的家人不闻不问，这一切使得令秋感到担忧和压抑。而楚楚却仍旧不谙世事，还自顾自地沉浸于孤僻的内心世界，于是，家里所有重担都落在了令秋身上。

仿佛预料到命运叵测，令秋不禁生起一种不祥的想法，如果科学家注定无法回来，那么，楚楚唯一能倚仗的，不就只有总督府的那位吗？然而楚楚却深陷情网，因为一点小事和辛朗赌气，全然不顾自身和家人目前的处境。

令秋越想越生气，也不再和楚楚争辩，转身离开了卧室。

不知从何处飘荡而来的猛烈山风，夹杂着烧焦的草木气息，吹乱了楼下报童怀中的传单。单薄的纸页悠悠荡荡飘向空中，报童仰头望去，仿佛欣赏风筝一样望着白花花的纸张越飞越高。其中一张传单如同折翼的飞鸟一般，突然撞在窗玻璃上。

楚楚漫不经心地抬起眼，逆着光看向窗玻璃上那印着衬线体字体的单子，一张熟悉的人脸映入眼帘。楚楚的目光骤然凝聚收紧，她立刻从椅子上跳起来，伸出手扯下那张被风力狠狠压制在窗户上的传单，一目十行扫视过传单上的信息。

照片上的不是别人，正是大名鼎鼎的科学家——楚楚的父亲。

传单上通常登载香诺最新的资讯，而这张单子上赫然印着的一排大字，生生地刺痛了楚楚的双眼。

她的父亲，已经死了。

不是作为香诺光荣的科学家安然逝世，而是沦为反抗政府撺掇暴动的叛徒被枪决。

传单上的信息简明扼要，大致意思是，科学家作为幕后操纵者，指使暴徒散布所谓末日预言，最终被总督府逮捕并于今日执行死刑。

楚楚脸色惨白，只觉大脑一阵眩晕，一下子瘫坐在地上。那一瞬，脑海中掠过的场景，不是别的，而是辛朗欲言又止并最终沉默的模样。原来如此，他身为总督府的继承者，怎会不知道呢？他其实什么都知道的吧，但他却选择了无情地隐瞒。她又想起那群冰冷可怖的"乌鸦"，想起被他们簇拥在中间的辛朗，以及当时他冷漠灰暗的眼神，忽然产生一种深深的自我怀疑，她是不是一开始就错了？她其实从来不了解他，她以为他散漫而温柔，但实际上，他并不是那样的人——他只是对她藏起了自己凛冽的锋芒。

楚楚的身体忽冷忽热，强烈的眩晕令她几乎晕厥，耳内也响起巨大的嗡嗡轰鸣，而她的眼睛则被罩了一层厚厚的水雾，怎么也看不真切这个世界。

挣扎一番后，楚楚最终瘫倒在地板上，再也站不起身。

山火烈烈燃烧，终于开始逼近香诺城区，临近护城河的街区已是浓烟弥漫，整座城市人心惶惶。越来越多的人开始相信末日预言，然而比这群信众更加庞大的，是将一切罪责归咎于科学家的市民。这群依附于贵族权势的市民们认为，一切都源于科学家妖言惑众，才导致有不法分子趁机制造火灾，从而造成恐慌，动摇贵族的统治。

于是，科学家被枪决的当晚，红顶别墅也被警察迅速包围。贵族的手段一向狠辣，这一回依旧迅疾地斩草除根，连夜带走了科学家为数不多的所有亲眷。楚楚自然也在其中。

那一晚，辛朗特意买了一束白玫瑰，并换上一身黑色正装。出发前，他观望镜中的男子，只见一袭深沉肃穆的黑色衬得他越发英俊和深邃，然而眉宇之间的阴沉凝重还是透露出此刻他正心事重重。

以他个人之力，无法撼动贵族统治根基，而他也无心与那群可怕的人周旋抗衡。科学家之死在他意料之中，他无法阻止，但至少，他能保证楚楚不会受到牵连，所以，他还是想跟楚楚好好解释一番，至少在警察包围红顶别墅前，他都是这么计划的。

辛朗坐上车后，将依旧沾染着晨露的白玫瑰放置一旁，稍稍调整了坐姿，慵懒地躺在座椅上，眼神倦怠空茫，心里却翻腾着各种各样的想法。

科学家一死，楚楚便彻底失去了依靠。那么，她可以成为他的人了吗？

一股强烈的占有欲莫名其妙地漫上心头，连辛朗自己都觉得惊讶，好像第一次看见自己竟有如此无情且残忍的一面。

楚楚怎么可能原谅他呢？毕竟他从得知此事开始，就选择了旁观和回避，所以，他和那群隔岸观火的贵族有什么不同？

一念及此，心里便觉得烦闷，手指忍不住扯下一片白玫瑰娇嫩的花瓣。

可是，当车辆行驶到红顶别墅前时，撞入辛朗眼帘的，却是挤得水泄不通的人群以及乌压压的警察。辛朗心里登时警铃大作，来不及等车辆停稳，便欲打开车门，恰巧此时，不远处的人群让开一条路，然后，他在人头攒动中看见楚楚，如同那一天楚楚在人群中看见他一样。

她看上去面目憔悴，一双眼睛灰沉沉的，好像蒙了一层雾似的。她还是穿着那条绿裙子，但是光泽已经不再潋滟。有大风吹过，飞扬在半空中的裙角看得出火焰灼烧的痕迹——方才有反对末日学说的暴民朝她扔火种。

警察将她夹在中间，于是她在簇拥中被带向警车。

看着她的那一刻，辛朗只觉得世界像是一个倒置的沙漏，一切都仿佛错位了，他想要将位置扳正，但沙漏却一触即溃。

他是第一次这样远远观望楚楚，并且看到她眼里从未出现过的漠然与决绝。而楚楚在上车之前，略带留恋地回望了一眼红顶别墅，自然也在人群之中看见那辆熟悉的黑色轿车，以及车窗内那张曾经朝思暮想的脸庞。

他也终于如陌生人一般，冷漠地观望她走向死亡吗？不过，孑然一身赴死，总比两个人缠绵以至于被火焰活活烧死，要好很多。她心里不记恨辛朗，自然也不希望他死，所以她宁可选择冷落和远离他。此刻世事凉薄、命运颠鸾，在掺杂硝烟气息的夜风中，她再度确信，这一场相爱注定无果。

辛朗怔怔看着她被警察粗暴地塞进车厢，然后警车亮着红灯，扬长而去，只剩下愤怒或猎奇的人群依旧围在别墅前，叽叽喳喳议论着关于末日预言的一切。人声此起彼伏如沸水翻腾，令他心底生起对这个糟糕世界的深深厌弃。与此同时，他在震惊之余开始联想到楚楚可能面临的所有遭遇——他是最清楚"乌鸦"的手段的。于是，他重新扣紧车门，尽力遏制住自己的恐惧和担忧，沉声吩咐道："立刻回总督府。"

于是，黑色轿车呼啸着在马路上疾驰，穿过浓烟，穿过黑夜，如同奔逐在爱人身影背后，永远追逐着那一抹近在咫尺却永远无法触碰的月光。

车辆几乎是以最快的速度抵达总督府。尽管已是夜晚，总督府依旧灯火通明。庭院深处总督办公的府邸处，警察们如同黑色幽灵，随处可见却又来去无踪。辛朗无所顾忌，他快速穿过那些浓墨一般的黑影，径直深入走廊尽头。由于身份特殊，倒也无人阻拦他，而他走得这样快，以至于从高维俯瞰，走廊像是血管，他接续不断的身影则连成一脉，宛如血液倒流向心脏。

奇怪的是，敲了敲沉重的门扉，竟然无人应答。辛朗迟疑了一会，最后依旧忐忑不安地推开大门。偌大的办公厅内静悄悄的，竟空无一人——看来总督似乎并不在府邸。辛朗走到办公桌前，伸手触碰到左手边第二格抽屉，他依稀记得这个抽屉盒里放着总督印章，只要有了印章，他就可以代拟手令，从而命令关押楚楚的警察立即放人。可是抽屉上了锁，并且是密码锁，一旦输入错误次数超过三次，就会立即触发警报系统。

他试着输入父亲迷信的数字组合，然而抽屉并没有反应，反倒是桌面上的摇铃微微响动，提示输入有误。辛朗的额头和后背开始渗出细密的冷汗，他抿了抿嘴唇，又尝试了一组数字，——是总督上任的日期，但依旧错误。如此一来，便只剩下最后一次机会了。他顿时焦躁不安，再度沦为绝望和无力的猎物。他用手轻轻扶了扶额头，想起黑夜中楚楚万念俱灰的眸光，感觉心脏揪紧，好像有一根长针贯穿他血肉。难道，这就是爱吗？你爱着谁，谁就有赋予你痛楚的权力。

这阵刺痛就像是一道灵光闪过，鬼使神差地，他输入了几个暌违已久的数字。

抽屉轻巧地弹了出来，放置总督印章的盒子安然躺在铺陈红色丝绒的屉盒中央。

那一刻，他只觉得血液瞬间冲上头顶，心中复杂情绪如同海浪汹涌激荡，一种难以言喻的苦涩感情生生掐住自身脖颈——他输入的是已故母亲的生日。

就在辛朗欣喜若狂又忐忑不安地捧起印章，并准备在纸上草拟手令的时候，一道同样高大的身影不知不觉间挡住了桌前的光。

“你在做什么？”总督站在辛朗身后，声音低沉而威严，带着一种森冷的压迫感。

顿了顿，辛朗执笔的手停下书写的动作，他沉默地低着头，看着桌上的手令，没有说话。总督见状，将纸张夺过，只轻描淡写地扫视了一眼手令上写了一半的内容，心中便已明白事情的真相。他并未勃然大怒，只是居高临下地俯视着坐在椅子上的辛朗，说道："这段时日你不必在城区里待着了，我会命人送你去绿野庄园。"

"为什么？"辛朗问道。

总督冷笑道："我想你比我更清楚原因。"

"如果我不去呢？"辛朗站起身来。他站直身子的时候，比总督还要高半个头，而他看向总督的目光，也不同于往日的谨慎和恭敬，而是多了几分坚定与锐利。

"我是不可能让总督府的继承人和一个罪犯的女儿有瓜葛的。"总督似乎并不理会辛朗的对峙和挑衅，斩钉截铁地撂下这句话后，转身便欲离开办公厅。

行至大门口时，仿佛想起了什么，总督回过头语重心长地对辛朗说道："她本可以不必死，可是她当着众人的面为她父亲辩护，还宣扬香诺的末日已然到来……她本可以保持沉默，依附于你，或者其他什么人活下去，可是她没有，所以，这也是她自己选择的命运，你帮不了她的。她很快就会被执行死刑。"

说罢，总督走了出去，走廊两侧立刻拥上来几只"乌鸦"，走进办公厅将辛朗围住。为首的一位眉眼清冷的警察朝他微微躬身，沉声道："请您跟我们走吧。"

辛朗不屑一顾地哼了一声，冷声道了一句："让开。"

他视若无睹地朝前走去，然而还未走两步，便被那位警察死死扣住，生生压制以致最后伏倒在地板上。闷声挣扎了一番，却始终动弹不得，心里知道无法和这群“乌鸦”抗衡，辛朗索性不再反抗，任由他们簇拥着他，像押解罪犯一般将他送上了通往绿野庄园的汽车。

与此同时，楚楚乘坐的那辆警车，也正朝着城区之外的监狱行驶而去。

他们在黑夜里渐行渐远，最终背道而驰，各自踏上属于自己的不归路。

2

“在那间灰暗破败的牢房里，他们疯狂地相爱了。”[1]

回忆如同波光在笔下漫溯流转。关于她的一切，都在她离开之后变得愈发清晰。

这原本是雨水丰盛的季节，漫山遍野的桃树会结出饱满果实。光和风雨的润泽之下，桃子终于在一个闷热潮湿的暴雨夜来临前夕，悄然酝酿成熟。

临刑前夜。城郊之外，荒野上方的天幕低垂。乌云蕴积饱胀的雨水摇摇欲坠。雪白闪电撕裂漆黑天空，仿佛利剑开刃，狠绝利落地在阴沉的乌云围攻之下杀出一条血路。遥远的天边，隐隐雷声滚滚翻腾而来。

---

[1] 引自加西亚・马尔克斯《爱情和其他魔鬼》

香诺曾经一度雨水充沛，因此，如同过往千千万万个日夜一般，这样的暴雨夜于香诺人民而言，也不过司空见惯。只是这场雨依旧没能熄灭那场山火，只不过令火势减弱了些许。那时香诺人民尚未意识到，那也许是他们生命中能够亲眼见证的最后一场雨。

辛朗被总督软禁于城郊的绿野庄园。在这场沁人心脾的雨水芳馨袭来之前，他在庄园度过比炎炎夏日更加焦躁并难以忍受的“假期”。没有人去过那座庄园，但坊间却流传不少关于那座庄园的香艳秘闻。在说书人的描述里，那是矗立在荒野之间的神秘庄园，长年被云雾遮罩，一眼望去恍若海市蜃楼。

辛朗在这里度过漫长的十三个日夜。尽管铺着洁白细亚麻布的餐桌上摆满各式新奇的美味珍馐，身侧一众侍女也亲自奉上佳酿，他依旧拒绝进食，最后甚至不寝不言。侍女们在他的寝室放置安神助眠的香薰，每日诵经和读诗给他听，但依旧无法疗愈他的心病。他迅速消瘦下去，并且终日如同一个孤魂游荡在荒凉空寂的偌大庄园内。

后来，抑郁、狂躁、焦虑、不安，以及生命深刻的孤独，逐渐将他的面部轮廓雕琢得嶙峋而瘦削。一双失去神采的双眸好似死亡的星辰，镶嵌在深陷的眼窝。

虽憔悴，却依旧掩盖不了骨子里的俊美。

黄昏降临，窗外刮起大风。落叶在白石阶梯上回旋。有不少落叶被风携卷至泳池池面，于是，原本波光晶莹的水体表面，瞬间铺满斑驳的树叶。辛朗虚弱无力地靠在椅子上，望着满池的落叶，问身侧的侍女，现在是哪一年哪一日。

侍女轻声告诉他日期。而这距离楚楚的行刑之日，已过去整整十日。

楚楚已经死掉了。

但辛朗没有哀嚎痛哭，他只是麻木地用镶嵌蓝宝石的军刀，在柚木桌面上刻下一道伤痕，然后疲倦地闭上双眼。于是，侍女只能叹息着为他盖上薄毯。

直到暴风雨即将来临的那一夜，得知真相的辛朗——这位忍无可忍的可怜人——终于彻底爆发。他以极端狼狈不堪的姿态，与总督决裂，并冲出了庄园。而这一次，出人意料地，总督没有阻拦，只是仿佛脱线的木偶一般跌坐在沙发上，沉默无言。

而在辛朗猛地推开庄园那扇长年累月紧闭的铁门的瞬间，他才惊奇地发现，原来这扇门从未锁过。

然后，他狂奔在这漫无边际的、空无一人的原野。好像要让自己被这巨大的空无吞没。他不停朝前奔跑，追逐着心中思慕的那个少女离去的身影。

“当年，我也曾这般追逐过她，并且在她离去之后，才明白我所爱慕和追逐的，究竟是什么。”

“总之，你要记住，但凡你离开这里，就再也回不来了。”

总督的话语被风裹挟着，很快消弭在不断远逝的背后。

他已经无法顾及其他，他只是疯狂地奔跑着，不顾一切地朝爱情和死亡奔去，连暴雨都无法追上他的脚步。

原来，他真正爱着的，是追逐她的那段旅途啊。

在漫漫无尽的黑夜，为某人翻山越岭的生命之途，只此一程，便耗尽毕生心力。

辛朗不记得自己奔跑了多久，直到最后瘫倒在原野之上，待身体内压抑积蓄已久的泪水如同猛烈的暴风雨倾泻完毕之后，他才稍稍恢复了理智。

楚楚尚在狱中——时钟被侍女们动了手脚，庄园流逝的时间是一场错误，而他竟轻而易举地相信了总督编织的谎言。尽管如此，他心里也明白，留给他和楚楚的时间不多了。

于是他一路奔跑着来到山脚下，租借了一辆车，然后便像那晚奔赴赤丽水森林一样，再次心甘情愿地前往命运的牢狱。

对于外界而言，人们只当总督的长子逍遥游乐于城郊庄园，从此不问世事，未曾料到他竟风尘仆仆远道而来。监狱地处偏远荒郊，除了押解罪犯的车辆偶有往来，这里鲜少有人涉足，因此消息也非常闭塞。典狱长认出来人正是总督府的继承者，一时颇为震惊，而辛朗也十分谨慎，丝毫没有透露自己的真实来意。他只是借由巡察名义，将监狱内外转了个遍，但也未发现楚楚的影踪。于是，他问起狱卒楚楚的下落。狱卒带着奉承示好的口吻告诉辛朗，楚楚是临刑的政治犯，被单独关押在一处偏僻的小隔间里。听闻此言，辛朗极力压制住自己狂烈而痛楚的心跳，不由分说便命令狱卒带领自己前往那处狭窄昏暗的牢房。

午后阳光暴烈，整座监狱呈现出一种类似废弃胶片过度曝光后的惨淡苍白，而她，是那荒漠一般惨白的画面里，唯一的一抹红色。这般美艳浓烈的红，好像一滴浓郁的血，缓缓渗透进灵魂，就像水最终消失在水中。[1]

她不知何时换上了自己陈旧的红裙子，哀艳地伫立在一束天光下——那是墙壁高处的小窗户渗透进来的光。她看上去似乎并不落魄，穿戴依旧整齐干净，只是消瘦了许多。薄如蝉翼的阳光沐浴着她宛如蝴蝶一般脆弱的身骨，光阴化作流影在裙衫间宛转。纤尘在她的睫毛和发梢间轻盈飞舞，闪烁出细碎晶莹的金色微光，衬得她整个人清冷孤绝、静影沉璧。

可她的眼神空无一物。她只是安静而认真地凝视着窗户缝隙透进来的光，颇有一种受尽世间苦楚之后的超脱与纯净。

不知为何，她越是静谧安然，他就越感到痛苦愧疚。

他挥了挥手，示意狱卒退下后，这才迈着缓慢的步伐，一步又一步，颤抖着走向她。

隔着一道沉重的锁，他只能驻足停在门前与她说话。

“楚楚。”他唤她的名字。

楚楚没有看向他，只是微微低垂头颅，任发丝从头顶滑落，遮挡住她半边脸庞，只露出小巧的鼻尖和枯花般的嘴唇。

---

[1] 引自博尔赫斯《另一次死亡》

于是，他以为她不想看见他，一时哽住，半晌无言。

过了一会，楚楚才率先开口，打破彼此之间的沉寂。

她轻轻说道："你不该来这里。"顿了顿，又像是想起了什么，于是自言自语般喃喃道，"算了，其实你是肯定会来的，我早就知道……"

然后，她终于抬起头，看向他，眼神一如既往地清亮澄澈。可是，在辛朗看来，她的眼神深处却多了一丝说不清道不明的光，像是神明睁开眼那一瞬散发的光芒，尽管只闪烁了一瞬便熄灭掉了，但他依然迅速捕捉到了它。

"这话……是什么意思？"辛朗梦呓般问道，"你是笃定我会为你而来吗？"

"是的，只不过原因……和你想象得不太一样。"说罢，她折返回牢狱角落，取出一本自己藏匿的画册，然后她走向门口，将画册递给辛朗。

辛朗迟疑着接过画册，只见牛皮纸的封面上，画着不同色彩的火焰、太阳和眼睛。翻开书页，一幅又一幅简笔画映入眼帘。由于楚楚只能用牢房地板上散落的彩色粉笔头画下这些粗略潦草的图案，反而令整本画册多了一丝神秘古老的气息。看着满页的火焰、亲吻的小人、枯萎的玫瑰，辛朗感到一股凉意从上至下无声无息蔓延开来，好像被慢慢地浇了一盆冷水似的。

"这本画册，是我无意中找到的，一直没有翻开来看，没想到内里竟是空白的纸页，而我随心所欲的潦草图画却仿佛隐喻香诺的结局，好像香诺的历史可以任由我书写一般……”

“我好像病了……从你吻我那一刻起，我就病了。”楚楚说道，“又或许，我早就病了，只是你让我意识到自己病入膏肓……”

“我一直没有告诉你，迄今为止，我看见了许多幻景，就像沙漠中的海市蜃楼一样诡谲莫测。其实幻景并不可怕，可怕的是人始终不能透过重重幻景看见自己的心。”

“是你，让我真正看见了自己，而这，也许就是所谓的爱。”

她似乎还想继续说下去，却突然哽咽住，无法发出声音。好像还有很多话未曾道尽，而他们就已经莫名其妙地走到了游戏的终局。然而在彼此相认的那一瞬，她又突然觉得自己那些层出不穷的臆想和幻觉，都失去了原本应被赋予的意义。它们只是她的痛苦和无明，本应与他和这场情事无关，然而一切魑魅魍魉，却都在爱人的凝视之下得到抚慰，并最终安息。

“楚楚……”辛朗一时之间竟不知说什么好，他像一个学生一样手足无措地站在那里，怔怔看着楚楚落下泪来。他竟不知道她一直以来都在忍受幻觉的折磨。

他伸出手，擦拭掉她眼角的泪水。泪滴凝聚在指尖，小小一滴，却晶莹圆润。他深情又绝望地望着她，然后将手指轻轻放到自己的唇角，任那滴泪水缓缓浸入双唇细密的纹路之中。

“你能原谅我吗?”他一字一句郑重问道。

楚楚没有说话，而是踮起脚尖，努力压制着自己内心不断泛起的对幻觉的恐惧，将身体贴在铁栏上，试探着亲吻他。

于是他也俯下身，轻轻捧住她的脸颊，一点点吻掉她涟涟的泪水。原本以为闭上眼的瞬间，伴随爱情的甜蜜一同袭来的，会是无尽的黑暗和滔天的烈焰，然而在真正的生死面前，一切竟都归于安宁——一种宇宙诞生之前深沉而美好的安宁。

原来真爱会令人失去恐惧。

楚楚伸出胳膊，灵蛇一般曼妙地缠绕住辛朗的脖颈。随着试探、徘徊、逡巡和深入，她感到自己体内的那朵玫瑰正绽放出烈烈火焰。情欲燃烧掉体内存积的泪水，她忘我地沉沦在火焰燃烧的温暖中，忘记了时间和命运。

许久，两人才停下，楚楚翕合着如同枯花一般皱巴巴的嘴唇，看向辛朗，呢喃着告诉他，自己很口渴。

“这里的水不好喝，有一股铁锈味，也没有果子吃……我想起之前送你的‘群玉’山桃，那滋味最是甜美，不过以后也吃不到了。”楚楚伸出舌尖舔了舔干燥的嘴唇，像一只小猫般郁闷地挠了挠头发。

辛朗叹了口气，说道：“我会带你离开。”

“然后呢？我们能去哪里呢？”楚楚仰起头问他。

辛朗眨了眨眼，回答道：“去森林，去沙漠，总之不是在这里，你和我都要逃离这里。”

“如果逃不出去怎么办？”楚楚追问道。

辛朗一时哽住，不知说些什么，而楚楚只是苦笑了一下，恍若大梦初醒般，眼神亮了亮，淡淡道："临刑前再来看我一次吧。"说罢，她冲他吐了吐舌头，便转过身，躲进牢狱的角落里了。

辛朗回过头，只见典狱长和狱卒从后方的长廊走过来，心里知道自己不可能再停留于此，于是他带着深情的眷恋回望楚楚一眼后，凝重地转过身，离开了牢狱。

山火接连爆发，城中局势也越发动荡不安。太阳如同烧红的铁球摇摇欲坠地悬挂在高空，香诺这颗美丽的星球，此刻如同日光下的水滴，即将蒸发殆尽。恐怖的流言像瘟疫一般肆虐，伴随着末日预言一同爆发的，是各种族间压抑许久的矛盾，以及平民对贵族多年压迫的愤怒。一时之间，物价飞涨，动乱四起，而贵族操纵下的总督府也开启了一轮又一轮的暴力镇压，于是平民们开始大规模地逃离城区。他们驱车闯入贵族的领地，将原本用以享乐的庄园抢占过来改造成医院和避难所。尽管如此，不知从何而来的火焰仍旧如同诅咒一般，从四面八方汹涌袭来，无情地吞噬一切。人们逃到哪里，大火就烧到哪里。如此一来，远在荒郊的监狱反倒成了遗世独立的桃源。

对于楚楚来说，尽管终日囚禁于狭窄逼仄的牢笼，心里深知时日无多，但最后反倒克服了对那未曾真正来临的火焰的恐惧，整个人终于变得沉静安然。她长久地坐在那一束小小天光下，静默地等待最终属于她的命运的降临。

火焰是黑暗的冠冕。在最赤诚深沉的爱中，心魔会显现，人性最本真的质地彻底裸露无所遁形，而火焰是超度心魔的最后一道符咒。

“让这火焰热烈长久地燃烧吧，让我的情欲焚毁我自己，我愿在与爱人的极乐之中化为灰烬，哪怕永不能进入天堂。”

监狱灰黑色的石墙上，彩色粉笔头描绘出绚丽如织的过往。楚楚现在相信，人的一生看似连贯绵长，然而当站在生命的尽头顾盼回首，才会发现其实人不过是活那几个瞬间。我们甚至无法回忆起我们漫长又短暂的一生。命运精妙地剪辑出人生中最难忘的片段，织连在一起，而这最终就是我们的一生，是我们临死前唯一能带走的所谓一生。

在绘满墙壁的这些零星闪烁的记忆碎片中，最为璀璨耀眼的，是与他相遇的时光，那白驹过隙一般的时光。

她用粉笔画出雨水、山桃、汽车、他的侧影、身着白色礼服裙的自己、烟花、乌鸦、太阳、火焰以及最终缠绵拥吻的彼此。真实与幻景相互交织，此世与彼世交相辉映。说不出有何意义，但冥冥之中楚楚觉得无论书写还是绘画，总之任何形式的记录，都是为了在世界的流逝之中留下一笔痕迹，如此一来，即使你我终有一死，记忆也会以另一种形式，在另一个意识投影的世界中演绎我们的故事，层层嵌套，生生世世，渡越生死，共赴永恒。

黑夜。热浪涌动。远方隐约火光映着女子清澈的眼眸。在这样一个密不透风的闷热夜晚，他微微喘着气，来到她身前，宛如一场梦倏然来临。

狱卒为他拧开门锁之后，便心领神会地退了下去。走廊恢复一如既往的深邃漆黑，辛朗将房门轻轻关上后，来到楚楚身边坐下。他从衣兜里掏出一枚幼小的山桃递给楚楚。楚楚接过桃子，爱惜地将其捧在掌心，就着昏暗的烛火细细凝视，只见毛茸茸的果皮上还沾染着晶莹的水滴，一眼看去只觉玲珑可爱。她迟疑着，小心翼翼地咬了一小口，随后慢慢咀嚼起来。

“香诺彻底乱了，大火和暴乱连绵不歇，就连这枚小小山桃，也是我辗转许久才寻来的。”辛朗说道，然后又问楚楚，“果实看上去并未成熟，你尝着觉得苦涩吗？”

楚楚眉头轻蹙，说道：“很苦。”

然后她将那枚瘦弱的山桃递给辛朗，示意他尝一口。辛朗低下头，犹疑着咬了一口，一股青涩的甜瞬间涌入口腔，灵巧地将舌苔迅速包裹覆盖。

楚楚轻笑出声，问道：“怎么样，是不是很苦？”

熹微烛光，一明一灭。他在阴影中慢慢抬起头，看着她，眼神仿佛夜晚温柔的潮水全部涌向她。他突然倾身向前，抬起她的下巴，毫无预兆地吻住她，轻而易举地撬开她封锁的唇齿，逡巡深入，于是那尚未来得及吞咽的甜美桃汁顺势漫入她的嘴里，并最终流淌入喉间，一路烧进胃里。明明是温凉甜美的汁液，此刻却如同火焰般一路攻城略地，直至通过肉体渗入灵魂。

他吻了许久，直至河涸海干，这才恋恋不舍地松开她，而她的身体已经滚烫如烙铁。

他在她耳畔轻声说道："我已命人在今夜制造一场火灾，到时候趁着众人慌乱之际，我会带你离开这里。"

她心中惊动，抬起眼，怔怔地看向他。辛朗以为她是被这场突如其来的逃亡计划吓到了，于是温和地笑了笑，拍了拍她的脊背，说道："放心，不会有事的。"

"不，我并没有在担心这件事。我只是……"楚楚站起身，她纤瘦的身体恰巧挡住了那缕微暗的火光，于是辛朗在她的阴影之中陷落。

她咽了口唾沫，看着辛朗倚靠着的那面灰黑墙壁上庞大纷乱的粉笔壁画，一时间有些出神。石墙上，熊熊燃烧的大火中，一对恋人温馨地偎依着彼此，无畏火焰的吞噬，正热烈缠绵地欢爱。

"成为那画中之人，亦真亦幻。"

命运之神仿佛躲在那火焰背后，静静凝视着这对沉浸于情爱中不可自拔的男女，神情悲悯而漠然。

辛朗注意到楚楚的异样，不禁回过头，看了一眼那瑰丽的壁画，只觉得眼花缭乱，他问道："楚楚，你怎么了？"

"辛朗。"楚楚突然唤他的名字。她很少唤他的名字，仿佛爱人的名字是一个尘封的禁忌，一旦脱口而出，自我就会瞬间灰飞烟灭。

可是，这一次，她很认真地叫出他的名字。

她喃喃道："我们的时间不多了……"

与此同时，她的手指绕住胸襟前的盘扣，轻轻解开了裙衫的枷锁。艳丽的红色衣裙被女子慢慢褪下，雪白胴体宛如黑夜中绽放的山茶花开始展露姣姣姿容，又如云翳背后的明月终于破云而出洒下清辉。

裙子松松垮垮地滑落至腰间，便轻巧地顿住。柔软裙身暧昧地向下蜿蜒舒展着褶皱，仿佛急切地想要栖身于坚硬厚实的地面。楚楚将长发拨到背后，于是她的上半身仿佛完美的石膏雕塑一般毫无保留地暴露在爱人眼前。

辛朗只觉得自己的呼吸似乎都停滞住，又像是体内所有的血液都在一刹那涌上头顶。然而他越是闷不吭声，烛光越是摇曳着欲说还静。她如月光忽而临，静默地伫立在他身前，仿佛一枝亟待采撷的花朵。

“楚楚，你……”辛朗呼吸渐渐急促粗重起来，他的手指紧紧扣住地面，感到浑身僵硬，但又好像无法站起身来。

他似乎是第一次体会到楚楚的强势。

“没有时间了……”楚楚朝着他俯下身，她的眼神恳切，语气急迫，因为此刻，她深切地明白了，其实那场大火从来就不来自别处，而是源自她的心底。

因为爱而燃起的欲望之火。

冥冥之中自有天意。她笔下的绘画，其实就是她的宿命。

可是辛朗似乎迟迟不为所动，他只是怔怔地看着楚楚裸露的身体，眼神复杂变幻。

楚楚的内心突然产生一种难以言喻的挫败感，但片刻之间，灼烧身体的火焰便覆灭了她的理智，她不顾一切地想要与他融为一体。就在她准备以一种赴死的决绝交出自己全部身心时，黑暗阴影中，一只清瘦但遒劲的手突然有力地攥住她的手腕，然后近乎粗暴地将她拽入了温柔宽大的怀抱。

随后，滚烫而压抑的亲吻便如雨滴一般呼啸而来。

于是她从此跌落命运之中。

雨滴暴烈地浇打着身体，转瞬便烙上红印。暴雨洗涤之下，她敞开的身体宛如花朵为他热烈绽放，心甘情愿被他碾落揉碎。

当他倾覆于她之上，犹如星河陷落，犹如玉山崩塌。而她心甘情愿臣服于他，身体化作一池春水或是一榻绵云，在黑暗的覆盖下婉转吟唱。

烛光剧烈颤动，墙壁倒映出缠绵交织的荡漾光影。他们沉溺于旖旎的情欲浪潮中，如同醉鱼衔水而落，随波逐流，下一刻，又携手漫步于巫山云雨中，寻山问水之间不忘倒凤颠鸾。

辛朗惊讶于她全然没有处子的羞涩与拘谨，她仿佛是献祭一般虔诚地将自己供与神明歆享，又好像是与他缠绵多次一般驾轻就熟。他不由得心生困惑，于是在一阵兴奋的痉挛中，情不自禁地紧贴着她的耳垂，哑着嗓子，声线颤抖地问道："楚楚，你……幻想过我吗?"

楚楚全身心地沉醉于他的压制之下，因为情动而止不住地起伏颤动。她微微睁开双眼，眼神迷离，然而迷蒙之中却有一层朦胧的悲伤。

她用手臂紧紧环绕住他的脖颈，坚定地回答道："当然。"

"很多次……只是……你不知道罢了，我原本以为你永远不会知道了……"她的声音不自觉地哽咽起来，连她自己都觉得讶异。

好像，这不是她的心声，而是神明心底的哭泣。

一滴眼泪因身体的痛楚，又或是内心的震动，从眼角缓缓滑落。

"缘分是神，游戏，是我们。"

在真正因爱而燃烧的情欲最深处，似乎总有一丝神性与自己隐秘相连。如果她这一世有缘和辛朗相遇，那么创造她和他的神明，在高维观望他们的情爱缠绵时，又为何会落下泪水？

辛朗听了楚楚的回答，什么也没说，只是喘息着将她抱得更紧，好像彼此要嵌套在一起，从此不再分离。他们一遍遍地亲吻和抚摸对方的身体，在急促的雨滴之中，零落的花瓣翻涌着情欲的潮水，最终，在监狱外渐渐逼近的火光中，在愈渐喧嚣的骚动声中，她深情地拥吻他，并与他乘着汹涌的浪潮，在明灭的须臾一同抵达欲望之巅。

登顶的那一瞬，楚楚情不自禁地伸出手，但手指触及的，却不再是爱人的脸颊，而是漫漫无尽的虚空。

所有的情事都在火焰燃尽后，于刹那间化为灰烬。

尘埃落定。

她一时恍然，眼神空寂，仿佛一瞬间被夺去心神。片刻后，她悬滞在半空中的手腕轻柔地垂落在爱人汗涔涔的脊背，如同月光终于落向大地。

原来，极乐的巅峰，是空。

真正的空，总是毫无征兆地骤然降临。

而此刻，真正的大火裹挟着热浪，疯狂地向他们肆虐而来。在杀气腾腾的烈焰和遮天蔽日的浓烟包围中，两人来不及回味情爱的余温，便迅速穿上衣服，在火光绝妙的掩映之下仓皇地逃离牢狱，彼此携手疯狂地朝夜色中的荒野奔去。

第四章　梦幻泡影

1

南方城市罕见地飘起大雪。窗外雪花纷飞飘落，灰默的城市寒冷静谧。清冷朦胧的天光自窗纱缝隙透进来，映照在楚楚的脸庞。光的栖落令她苏醒，她缓缓睁开眼睛。睁眼的那一瞬，映入眼帘的是一团模糊的光影，各种色彩混沌地交织在一起，仿佛一团尚未觉醒的蒙昧意识，唯有在他者凝视之下才逐渐分离清晰。

楚楚还未能完全从梦中抽离，此刻她只觉得神思恍惚，一时之间分辨不清何为梦境，何为现实，也不知自己究竟身在彼岸，还是此世。

来如春梦，去似朝云。

当眼前景物轮廓渐渐分明，她忽然感到，香诺的一切，都伴随着梦境的隐退，呼啸着迅速向后逝去，如同一闪即逝的没落星光，眨眼之间便离她越来越遥远。

她看到了，看到"楚楚"的命运，而这命运由她书写，就如同香诺世界的命运任由那位"楚楚"描绘一样。她甚至坚信自己其实并未做梦，而是依然作为"楚楚"在另一个维度的世界里爱恋着辛朗，只是那个世界的故事结束了。否则为何当她醒来的那一刻，她的心底会徒然生起一种忘却前世的空旷寥落之感，仿佛挥别过去，而未来茫茫无期，她就这般悬浮于生与死的间隔。

她内心寂寥，仍旧眷恋着梦中那个缤纷流彩的香诺世界，于是久久地趴在桌上不肯支起身子，希望自己能够再度回到那里，继续沉湎于和"他"的欢爱之中，直到一抹高大的身影宛如张开的羽翼笼罩住她，她才陡然紧张起来。但凡他靠近，她即使不看他，也能感知到他的存在。因此，在察觉到他突然站在她身前时，她不由得浑身一凛，霍然抬起头，然后撞上辛朗居高临下的微冷目光。

他的唇抿成一线，眼神严肃而冷漠，视线聚焦在楚楚身上，压制得她不敢动弹半分。

楚楚不知道他是怎么找到她的，但心里已经掠过不好的预感。她不喜欢辛朗这样沉默地凝视她，这会令她像一个犯错的孩童般手足无措。

心脏在胸腔内怦怦狂跳，楚楚倒吸了一口凉气，轻声喃喃道："你怎么来了？"

"你在书店过夜？"辛朗开口问道。

"嗯。"楚楚点了点头。

辛朗叹了口气，仿佛如释重负。他似乎并不生气，又或者早已处理掉自己多余的愤怒情绪，只见他波澜不惊地说道："我找了你整整一晚上……你跑得挺远的……"

他唰地一下拉开椅背，坐在楚楚对面，带着一种无奈而自嘲的微笑，看着楚楚的眼睛说道："有些时候真的很想报警……"

楚楚垂下眼帘，小声嘟囔道："你应该不止一次想报警吧。"

毕竟，她因控制不住情绪而胡闹的行为，已经不是一两次了。

辛朗听到楚楚的话，不禁别过头去，觉着好气又好笑。他用食指敲击着桌面，沉思了片刻，然后沉声道："总之，你没事就好，下次别这样了。"

"对不起。"楚楚乖顺地回应他。在她像个小学生一般拘谨而失落地坐在他对面时，她的脑海里掠过的，却是香诺世界的"楚楚"与"辛朗"欢爱的画面，于是她瞬间回想起自己求爱的失败，心脏忽然遭受一记钝痛。

为何会这样？

"你就没有别的话要对我说吗？"辛朗用一种无可奈何的眼神看着楚楚，不知道她低着头究竟在想什么。和预想中的激烈争吵截然相反，此刻的楚楚，呈现出一种匪夷所思的沉静。他实在搞不懂这个思绪瞬息万变的女孩，并且突然产生一种莫名的不适应，以及即将失去她的隐隐恐慌。

楚楚不知道辛朗希望她说些什么，如果是道歉的话，那么她刚才已经说过了。她不想再委曲求全，不是因为赌气，而是突然觉得没必要了。

楚楚感到自己仿佛寻求到了某种替代品——那就是神秘莫测的另一维度的世界。在那里，她知道自己和他是相互依偎爱恋的，那就够了。彼世的绚丽烂漫，已经足够她书写，而书写本身就是一种回忆，这意味着她可以再度回到香诺，从而摆脱在这个世界所遭受的冷落与失意。如此一来，她和辛朗之间的拉扯也就显得索然无味了——这是因为，她对他长久的爱，已化作尘封的时间，美则美矣，但如晦玉。

“我爱你。”忽然之间，她对他说道。

辛朗明显愣了愣，他有些吃惊地看着楚楚，仿佛看不透她。她像是一夜之间变了个人似的，没有哭泣和吵闹，没有歇斯底里地发疯，也没有道歉和哀求，而是以一种云淡风轻的口吻，举重若轻地说出这三个字。

她很少对他表白。平日里，她每次想用语言表达爱时，总会觉得难以启齿。其实她不知道的是，他明白她每一次的欲言又止，而且总是低头看着她羞涩而局促的模样，却不拆穿她。他往往装作无从知晓的样子，转移她的注意力，令她的告白不了了之。

所以，辛朗原本以为这一句话对她而言重若千钧，却没想到此刻楚楚如此平静甚至轻描淡写地将其说出口，这实在令他匪夷所思。但对于楚楚来说，言语早已道不尽她对辛朗的感情，所以她其实无话可说，也不想对自己的行为再做任何辩解。深情到了最后，往往表现得平常，甚至淡漠。

辛朗的呼吸粗重了些，他竭力压制住内心翻腾的怒意和恐慌，站起身来，对楚楚说道："我还要赶去机场……你待会自己回家……"

"好。"楚楚依旧平静如水，她似乎并不期待他会对她方才的话有所回应。

辛朗沉默了一瞬，然后试图离去，他原本以为楚楚会挽留他，就像过去无数次那样，但是这一回，她没有起身，而是静静地坐在椅子上，目送他离开。

辛朗没来由地觉着烦躁，他咬了咬牙，背对着楚楚，冷冰冰地撂下一句话："我觉得，我们还是分开一段时间比较好。"

然而话音刚落，他又有些后悔。他原本就要外出一个月，难道他心底还希望楚楚来找他吗？

但他也并未再多想，也不愿听到楚楚的回应，而是快步走出了书店。

雪落在他的肩上，他独自奔赴自己的前程，一步也没回头。

窗外的雪渐渐停了，天空也被日光照亮。辛朗走后，楚楚坐在窗前，一如往常的孤独无依。她伸出手，轻轻抚摸过银灰色磨砂质感的笔记本电脑，徒然生起一阵苦涩的悲凉。她终于意识到，一直以来，陪伴着她的，终究是自己，以及自己所创造的那个世界。她以丰沛深沉的情感，编织了香诺的故事，于是尽管现实事与愿违，但她终于为自己寻得人生之外的另一个可能。

而故事外，又能想起谁？

临睡前、梦境中、醒来时，想起的那个人，就是毕生所爱。

于是，她再度打开电脑，熟悉的文字裹挟着梦境碎片，仿佛潮水一般倾泻出来。梦中所体验到的人生，都不过是自己笔下的故事罢了。终究是一梦，来去无影踪。香诺世界的“楚楚”，会明白这一切吗？如果没有她的爱欲之火，也就不会有香诺的末日之火，如果没有那场命中注定的火焰，“楚楚”也不会沉沦于和“辛朗”的情爱。

是她的不幸，成全了“她”和“他”的爱情——尽管，是在另一个维度的世界。

她才是一切的源头。她是“楚楚”的神明。

雪白屏幕上浮现的一个个文字，如同一砖一瓦，构筑成香诺世界。是的，她是她所创造的世界的神明。确信这一点之后，现实越是挫败灰暗，楚楚感到自身内心世界越发流光溢彩。她像运动员一般，猛地一头扎进文字的海水之中，深深地沉潜下去，好像再不愿浮出水面。

于是，在辛朗离开之后的那一个月里，楚楚日复一日地提着电脑辗转各处。她在书店写作，在咖啡馆写作，在公园、酒吧、美术馆写作，甚至在便利店里也不停地敲击着键盘，记录着她所“看见”的“楚楚”的回忆。枯竭已久的灵感在那一个月里猝然爆发，因此她就这么不停歇地写着，如同逆风奔跑，将荒诞无情的命运狠狠甩在身后，直到结局来临的那一刻。

沉浸于写作之中，视自己为真正的神明，忘我地编织着另一个世界的命运，楚楚开始感到自己躁郁的病症似乎在无形中得到治愈，久而久之，她索性不再服用药物。于她而言，这些白色药片不仅仅是单纯的药物，更是过去所有往事和心绪的浓缩，它时时刻刻提醒楚楚，她一直活在过去业力的束缚之中，并且永远逃离不出爱欲的囚困。她不想这样活着，于是毅然决然地将药瓶扔进了垃圾桶。

时间仿佛是唯心的，当楚楚沉浸于幻想世界时，她内心的时间仿佛从此停滞了，而外界的时间却恰好加速流逝着。她宛如坠入黑洞视界，冷眼旁观世间生灭变幻，而她灵魂内核的那个宇宙却如绢花永恒。终于，关于香诺的回忆快要写尽，而辛朗的专辑录制也进入尾声，很快他就要乘坐飞机回到楚楚所在的城市。

为了迎接他归来，楚楚特意准备了一朵娇嫩欲滴的玫瑰，如同他们初次相见时那样。她换上白色羽绒服，内里穿一件白色吊带连衣裙，披散着可爱的乌发，手持玫瑰去机场接他。飞机晚点，等了整整三个小时，辛朗才于傍晚时分推着行李箱从出口慢悠悠走出来，神情倦怠而漠然。他比周围的人高，又身着一袭黑衣，身影看上去高大而落寞，很难不引人注意，因此楚楚一眼就在人群中看见了他。

她伸长胳膊，朝他挥手，却见他身后还跟着一位女子，定睛一瞧，原来是琳赛。楚楚不由得松了口气，径直朝他们走过去。

辛朗看见个子娇小的楚楚迈着轻巧的步子朝自己走来，眼神微微惊动，但仍旧面不改色，而琳赛则用眼角余光瞟了一眼神色变幻的辛朗，又看着楚楚，只觉得她不如之前那般欢欣雀跃，看上去像是沉稳了些许，不由得露出一丝意味深长的笑容。

楚楚走到辛朗身前，原本想将手中玫瑰递与他，但碍于琳赛在场，于是不好意思地将玫瑰攥在手里，只轻声对辛朗说："你回来了。"

辛朗的喉结滚动了一下。他低头看着仰起脸看他的楚楚，说道："你在这儿等我一会，我去趟洗手间。"说罢，他把行李箱往楚楚身前一推，便转身离开了。

人来人往的通道上，楚楚和琳赛面面相觑。气氛一时间有些尴尬。

琳赛笑了笑，率先破冰，说道："这里人多，咱们到旁边等着他吧。"然后她自顾自地拎着行李箱朝一旁走去，楚楚只好跟在她身后。

"他的专辑录制得还顺利吗？"楚楚问琳赛。

琳赛笑了笑，说道："当然顺利，他做事一向很认真，更何况这次机会来之不易，自然珍惜。"

"那就好。"楚楚不禁舒了口气。

琳赛微微偏了偏头，问道："你和他怎么了，吵架了吗？"

"哎？"楚楚有些惊诧，她没有料想到琳赛心细如发，竟然敏锐地洞察到他和她之间存在矛盾。她顿了顿，然后回答道："有些小误会，不过不妨事。"

"他有时候有些心不在焉，我想也许和你有关。"琳赛收起了笑容，神情微微严肃起来，她细细审视着楚楚，说道，

“其实，我想你心里应该明白的，楚楚。”

“明白什么?”

“你和他之间是不可能的。”琳赛一针见血地道出他们关系的本质，“他不会看上你的，你只是委屈和压抑自己，然后陷入自我感动罢了。”

楚楚一时哽住，一双杏眼瞪着琳赛，却不知该说些什么。尽管她知道琳赛对她抱有偏见，但没想到她这么直接。但是，她不得不承认，琳赛是他们关系之外的冷静透彻的旁观者。

琳赛继续说道：“楚楚，我不知道你经历了什么，可我是过来人，有些事看得明白。你不过是通过他唤醒你内在的痛苦，从而刺激你的创伤。越是得不到，越是令人着迷，从而越陷越深，而这深陷能够赋予你痛苦，于是灵感往往伴随痛苦降临。所以，你现在明白你追寻的是什么吗？不是辛朗，而是你创作的动力。你就像一块跷跷板，没有自己的发动机，需要别人踩踏着你，才能动起来。如果恒久不动，那和死了有什么区别?”

死亡。

是的，她亲历过死亡。她曾在大风中与死神擦肩而过。

爱与死有什么分别。

时隔多年，关于那场事故的记忆重新席卷而来。她再度想起那种感受，没有恐惧，反倒是一种空茫。在最后的时刻，他用手护住她的头，于是，她陷入一片黑暗。迄今为止，她都回想不起他的脸，只记得他高大瘦削，而他的双手，清瘦有力，骨节分明。他的一只手覆盖在她的双眼之上，那种微凉厚实的感觉，那种一瞬间遁入黑暗的感觉，是那么熟悉，又是那么相似。

是的，那种失去控制从而倒下的感觉，那种亲临死亡的觉知，和她身不由己沐浴爱河的感受，一模一样。

她怔怔看着琳赛，内心震动，一滴泪水夺眶而出。

她咽了咽唾沫，开口道："为什么要劝我？为何对我说这些？"

这一回，琳赛沉默了半晌才幽幽开口道："于现实层面，我不希望你影响他的事业，从而影响到我的利益。至于别的层面……我不想看到你这个年纪的女孩，因为看不清事物本质从而苦苦执着……如果注定不被爱，那这一切就不值得……"

楚楚苦笑着摇摇头："不，我不是这么想的，对我来说，爱情从来不是世俗意义的权衡利弊。"

"那对你而言，爱情意味着什么？"琳赛不由得挑了挑眉。

"爱情是一种宗教。"楚楚平静地看着琳赛，一字一句地说出这句话，"爱是恒久忍耐，又有恩慈。[1]"

"我早就明白，这是一场苦涩的单恋，我付出全部也无法换来他的青睐，可是在对他的爱情里，我彻底明白什么是虚妄，什么是无明，但同时，我也真正领会到什么是真正的

[1] 引自《新约·哥林多前书》

浪漫主义，我终于知道我是一个积极的虚无主义者。我就像西西弗斯，即使巨石一次次从山顶滚落到谷底，即使希望一次次落空，我都会重新将它拾起，将它推至顶峰，而在这过程之中，我是快乐的。”

“我真正爱的，是追逐他的旅程。”

“因为，人之所以可爱，在于他是过渡和没落。[1] 存在即永恒，无论结果如何。更何况，我爱他，这本身就是结果，我已不再奢求其他结果。我爱他，我已自在圆满。”

“我的爱，与他无关，所以他不爱我，是他的选择，而不是他的错误。”

琳赛难以置信地看着眼前这个比她矮一截的女孩，突然语塞。她神色复杂，然而看向楚楚的眼神里，多了一丝微妙的钦佩与羡慕。

此时，辛朗穿过人群，朝他们走来。楚楚于是回过头看向他，深深地望着他，仿佛怎么也看不够。

他能看到她眼中的眷恋吗？倘若他能明白，那么此刻的他们，大概有着世间最温默的守望了。

但他好像是做好了某种心理建设一般，默不作声地走到琳赛身旁，然后从楚楚身边拉过行李箱，对她淡淡道：“你先回去吧，我还有点事情，得先和琳赛回一趟工作室。”

再一次，希望如同巨石坠落。

[1] 引自尼采《查拉图斯特拉如是说》

那种熟悉的苦涩与酸楚再度漫上心头，但这一次，楚楚没有流露出任何委屈的神色，她只是平静地说了一声“好”。

然后，她收起了她的玫瑰。

辛朗跟随琳赛离开。琳赛回过头看了一眼楚楚，眼神中微微有些心疼和同情，但她很快别过头去，又恢复了以往干练精明的模样，和辛朗有说有笑地走出了机场。

楚楚被远远落在身后，她就像一个落单的孩子，被庞大的人潮淹没。机场像一座孤岛，而她已经失去了自己的渡船。

辛朗走出机场，寒冷的大风袭来，他拢了拢衣领，收敛了方才的笑容，脸色再度阴郁下来。琳赛转过头看他，只见他眼神落寞，她明白此刻他心里歉疚，但有些事情不得不做。

“你还是不够狠心……该说的话我都替你说了，剩下的，就看天意吧。”琳赛无奈地说道，“天若有情，定不会叫有情人分离；天若无情，人就应当遵循天道。”

“无情的人，往往过得比较好。不是因为无情所以过得好，而是因为遵循天道。”琳赛说完，便抬起手，招呼了一辆出租车，打开车门钻了进去。

辛朗在凛冽的寒风中伫立了会，只觉得心中空落落的，好像白茫茫的雪地一般纯净。最终，他转过身，毅然折返了回去。

他终究还是放不下。

可是，当他重新回归人海，那个原本属于他的女孩，已不在原地等待。

香诺。

楚楚在荒野上奔跑着，月光照耀下，残破的红色裙裾如火焰猎猎飞扬。最终，她因为双腿间那羞耻的痛楚狼狈地停住脚步，颓唐地摔倒在原野上。辛朗抱着她，一同倒了下去。两人躺在月光下，远处火光隐隐，但已听不见人声喧嚣，唯有风声经久不息地回荡在空寂的荒野。

热浪涌动，尽管有风拂过，带来一阵沁凉，但两人依旧汗流浃背。

楚楚疲惫地喘着气，伏在辛朗身上，喃喃道："太累了……我想睡一会……"

"睡吧。"辛朗温柔地抚摸她凌乱的乌发和汗津津的双肩，说道，"别担心，我会一直陪着你。"

"嗯。"楚楚乖顺地点点头，然后像一只慵懒的小猫安心地趴在辛朗身上，沉沉睡了过去。

她不记得自己睡了多久，但在睡梦中，她听到神明哭泣。泪水如雨滴降落，浇熄了情欲的火焰，铺天盖地的克莱因蓝从四面八方涌来，将身着红衣的她淹没。她于是也沉浸在这笼罩黑暗天地的悲伤之中，与她的神明一同陨落。她看到自己身上那香艳的红逐渐褪去，显露出青涩潋滟的绿，然后那绿色也被洗涤荡去，最后只余下雪一般的皎洁纯白。

她身着白色衣裙，如同披着冬日冰雪，在空无寂静的黑暗中，看着无数记忆碎片从眼前如同走马灯一般闪烁掠过，如此循环往复。无数个爱恋着他的人生，在不同维度的世界演绎变幻，直至一切归于宇宙诞生之初的空。

情爱熄灭，神性显现。

她在梦里真正感受到了神的临在，也在那一刻体会到生命深处涌动的悲伤与爱。她也终于看见自己，同样穿着白色衣裙，指间握着一枚火焰，与她隔着看不见的镜面，遥相对望。

爱，就是借由对方，穿透彼此，并最终看见自己。否则，人只是永远沉沦在梦中。

她迟疑着向另一个自己伸出手，却在快要触及她的神明的时候，从梦中苏醒过来。

辛朗轻轻摇晃她的肩膀，将她从深沉而神秘的梦境中唤醒。她在月光下迷蒙地睁开眼，硕大的圆月映入心湖。流水今日，明月前身，照彻大千清似水，也曾照彻微尘。满月当空，清辉遍地，一双流亡天涯的恋人就这般依偎在野草苍莽的荒原，身后是追逐他们的火焰，而前方，则是命运的终点。

楚楚忽然不想再逃亡。怎么能逃得出去呢？即使逃出情爱的牢狱，也逃不出这悠悠天地，逃不出这囹圄一生，逃不出，一颗心的局限。她隐约预料到香诺即将焚毁，而她与他的爱情，是香诺诞生之起因，也是它最终毁灭的结果。

辛朗察觉到她的异样，于是低头问道："楚楚，你是不是不想走路了？再坚持一下，我安排的车很快会抵达前方，然后我会送你去绿野山庄，那里是安全的。"

他无从知晓她幽微隐秘的心境，他只能逡巡着探入她的身体，在一片幽深茂密的丛林中寻得那一涧清冽的泉水。月光照耀下，她的皮肤闪烁着细密微暗的光泽，而她仰起脸看向他时，有一种动人心魄的美。他不由得情动，于是再度翻身将她压制住，低头亲吻她，如同火焰将她紧紧裹挟住。

他不知道的是，她其实早已穿过烈烈燃烧的爱火，快要抵达彼岸。但她依旧完成了与他的情爱，因为她开始知道，只有她和他圆满地相爱，高维的神明才能得到安息。事实上，我们的每一段相爱，都是在成全另一个世界的自己。

一场沐浴月光的欢爱结束后，他们再度携手向前行去。不知为何，她对这一幕印象很深，后来在绿野山庄，她将这幅场景画在了纸上。画面中，一对相互扶持的恋人一同踏上通向巨大满月的命运路途，他们的身侧铺天盖地开满美艳欲滴的玫瑰。而他们身后，是遥远而晦暗的火光。

“他们会以为你被烧死在了牢狱之中……从今往后，你就自由了，我和你也可以永远在一起。”辛朗将楚楚扶上车，吩咐司机将其送往绿野山庄，然后他准备折身返回。

“我还得处理些事，你先回去。”临走前，他用清瘦修长的手指划过楚楚沾染泪珠的脸颊。

“不必担心，我会来找你。我们会永远在一起，哪怕这个世界不复存在。”他笑着安慰她。

一语成谶。只是当下他无法预料命运的终局。很多时候，我们都以为彼此还有很长的时间可以共度，殊不知此刻是往后人生中为数不多可以互相陪伴的机会了。唯有楚楚看透了诡谲莫测的命运，正因如此，她才深感悲凉，情不自禁落下眼泪。

短暂的告别之后，车辆载着楚楚，呼啸着朝满月升起的方向奔去。车辆行驶了整整两个日夜，终于抵达幽僻的绿野山庄。昔日热闹繁华的庄园，此时由于时局动荡，早已人去楼空。空落落的偌大庭院里，遍地都是枯枝败叶，在华美落寞的建筑映衬下，一眼望去更显荒凉萧条。但不知为何，楚楚心里却有一种久违的安宁，仿佛寻到归属。她提着脏旧的裙裾，穿过长廊，路过泳池。炎热的夏风拂过，吹皱一池清水，偶有树叶飘落，静静沉入水底。楚楚回想起森林里那场邂逅，那时的她，瀑布淋身，企图浇灭心中挣扎的恋慕之火，而他出现了。在她幻想他的时候，他就如同回应她内心号召的神祇一般倏然降临，从此她无法自拔地跌入爱欲的湍流之中。爱是失控，是身不由己的陷落。

在与他的相爱之中，她的心魔显现，内心深处的火焰始终蠢蠢欲动，彼时她尚且无从知晓，香诺滔天的大火不过源自她的心。她的欲望之火，最终将这个世界焚毁。直到此刻，面对水中粼粼光影，她才明白，原来心想事成是这世上最可怕的事，爱而不得是无常，而无常是世界的侥幸。至于世界，不过是内心的倒影。幻境与命运的交错重叠并非巧合，她所身处的这个世界，是神明的一场回忆，一个执念。

执念熄灭之时，香诺也将迎来命运的终结。

不以情爱色身为载体，无以进入生。可不以此为渡船，又走不出生。

楚楚不禁产生一种强烈的预感，即使她翻越过情爱的屏障，但也永远逃不出这个世界，而她和他的故事就快要结束了。也许，关于香诺的一切，就是一本书。当创造这个世界的神明一再翻阅这本书时，书中所有的人和事便会一次次重启——这就是轮回。楚楚心想，当她领会到神性的那一刻，一定是写这本书的神明写得入迷，以至于他的意识也融入书中的世界，最终降落到她的身上。

她坐在泳池边缘，用手拨弄清水，心乱如麻。她就这么长久地坐在水边，静静凝思。心思如悬月，忽暗忽明。直到黄昏来临，辛朗才风尘仆仆地回到庄园，来到她身边。

“你还好吗，楚楚?”他蹲下身问她。

楚楚笑了笑，点点头。她没有说话，只是伸出胳膊揽住他的肩膀，将他拉向自己。然后，她温默地抱住他。辛朗将脸埋在她浓密如海藻的长发中，仿佛卸去盔甲的战士，疲惫地瘫倒在她怀中。这一回，轮到他躺在她的双膝上，在摇曳的波光映照下，安稳地睡了过去。

楚楚宛如一位母亲，温柔地将他额前被汗水濡湿的发丝拨到一旁，用袖口轻轻擦拭他脖颈处的汗水。然后她抬起头，望向火烧云遍布的天空。不知是不是错觉，她总感觉天边的云朵似乎真的在燃烧。那橘红色的光焰，像极了火的锋芒，且这光芒越来越盛大，而空气似乎也越来越灼热。

天火。

可是她的那本画册上，并未描绘过这番兼具恐怖和美感的景象，她也从未产生过这样的幻觉。

她不由得将熟睡的辛朗摇醒，低声说道：“天空像是燃起了大火，你快同我出去看看。”

辛朗原本将头枕在楚楚膝上，侧身躺着，听闻此言，迅速警觉起来。他立刻站起身来，抬头望向天空，只见天边赤红浸染，像是不断蔓延扩大的血渍。于是，他拉起楚楚的手，将她带到庄园外的玫瑰花田中。艳丽暮光的笼罩之下，两人携手伫立在玫瑰之中，竭力压抑心中翻涌的惊惧与震撼，遥遥望向天火滚烈的远方。

“末日真的来临了吗？”楚楚不由得喃喃道，很快，她就被深深的恐惧攫住，微微颤抖起来。但是，这猛烈袭来的恐惧很快被一股坚定的力量温和地击碎。辛朗从背后用手臂环绕住她的腰肢，将她紧紧拥在怀中。他没有望向那不断迫近的天火，而是凝神看着楚楚的脸庞，仿佛要将她的容貌深深刻印在心底。

“这个世界真是荒诞，不是吗？”他轻声说道。

“是的，荒诞至极。”楚楚回答道，“我们甚至从未想过世界会像今天这般莫名其妙地死去。也许神明毁灭我们，与我们并不相干。”

天地转，光阴迫，你我时日无多。

仿佛是知晓彼此共度的时光已所剩无几，两人反倒放弃了亡命天涯之旅，而是在庄园安顿下来。白日里，他们拉着彼此的手，恬淡安然地在玫瑰花海中漫步，欢笑，奔跑，如同回到天真无邪的童年。

气温骤升，天气酷热难耐，楚楚因此只穿一件轻薄微透的白色吊带裙，如蝴蝶一般轻灵地徜徉于庄园之中。后来，他们在锈迹斑斑的太阳凝视之下，跳进泳池欢畅游泳。她用蕴藏爱意的目光，骄傲地欣赏他矫健的身姿。他在水中灵巧地辗转腾挪，并抓住楚楚纤细的手腕，将她深深拉入波光潋滟的水中。

水波将光影分割得支离破碎。沉浸在摇曳荡漾的水光之中，她的眼眸映出他的身影。她于是真正看见他。看见他轮廓俊美，眼神纯净，也看见他的心之赤诚——他是这荒诞人世间不可多得的珍宝。他缓缓靠近她，用手挑起她的下巴，虔诚而热烈地亲吻她。他们在水下交织缠绵，白裙宛如月光在池水中泼洒开来，笼罩住两人的身躯。

她突然觉得末日也不是什么可怕的事情，因为他们只争朝夕，于是死神在爱的光辉前也黯然失色。正是知道死亡终将吞没他们的肉身、消殒他们的灵魂，所以他们现在可以如同孩童般肆无忌惮地沉沦于情爱游戏，以同样的荒诞回敬世界的无常。

夜里，他们爱了又爱，似乎对彼此之间的博弈、追逐、分合永不生厌。他们以饱含爱意的滚烫灌注滋养对方，在泪水与低吟之中回味初恋可望不可即之痛楚、回忆之峰峦叠嶂、情爱之幽微深邃、世界之光怪陆离。他们日日夜夜沉醉于云雨，并在彼此的怀抱中寻得心的归属。

起初，是他启迪了她，令她知晓什么是“空”。如今，她转过身开始引领他，在爱欲巅峰与他相见，并乘上此世的渡船，共赴彼岸。

只是，下一世，又会有怎样严酷的考验等待着他们？倘若在另一个世界，他并不爱她，结局是否会有所不同？她可以接受辛朗不爱自己，但她不能接受自己不爱他。一念及此，她便将他抱得更紧，与他一同随着爱潮或轻柔或剧烈地起伏。

他们在庄园度过天堂一般的时光。尽管短暂若惊鸿，但却又如同夏日一般隽永。时光在这里停住了脚步，只有脉脉温情从此雍容长久地流淌。

终于，某一日，死亡的阴影开始笼罩天地。天火烧到了庄园上空，火焰如同雨水从空中落下，宏大的建筑群燃起熊熊大火。他们开车逃出庄园，穿越漫山遍野的玫瑰火海，朝着天边一路狂奔。然而火势越来越大，目之所及皆是橘红色的浓密尘烟。这样声势浩大的赤红，令辛朗想起沙漠里的落日——楚楚曾为之心驰神往的黄昏之景。

烟雾呛人，即使用湿毛巾捂住口鼻，两人依然咳嗽不止。楚楚心里深知如今已是在劫难逃，于是按住了辛朗紧紧握着方向盘的手，恳切道："别逃了。"

辛朗回过头，神色复杂地看了一眼楚楚，心底突然泛起难以言喻的悲怆。他听话地将车停住，然后松开了方向盘。他们下了车，车外已是浓烟弥漫，赤橘色烟雾遮天蔽日，香诺俨然沦为炼狱。

楚楚失神地望着眼前茫茫无边的烟雾，喃喃道："辛朗，你还记得，你曾对我许诺过，要带我去沙漠看落日的事吗？"

"当然记得。"辛朗走到她身侧，用力攥住她的手。

楚楚突然笑了，笑容纯真而欢悦，她指着眼前那如同滚滚黄沙的烟雾，说道：“你看现在这景象，像不像我们正身处沙漠深处？”

辛朗听闻，也笑了，只是这微笑苦涩而悲凉。他说：“这不是在沙漠深处，而是在沙尘暴里面吧。”

楚楚笑了，她俯下身，摘了一朵玫瑰。在灼热的空气中，玫瑰也开始燃起热艳的火星。楚楚凝视着玫瑰，说道：“我一直很想去沙漠看海市蜃楼，没想到，其实我都已经见过了。”

“你在哪里见到的海市蜃楼？”

“那里。”楚楚遥遥一指，远处，庄园所代表的香诺世界已经沦为影影绰绰的断壁残垣，仿佛烛火映照出的飘摇幻影，在浓雾深处逐渐覆灭。

“还有这里。”楚楚收回手指，用指尖点了点自己的左胸口。

辛朗不知说些什么好，事实上，他和她之间已经无需什么言语。因为，即使是人世间最精深绝妙的语言，都无法形容此刻他们的心心相契。于是，他们只是站在一起，为彼此献上此生最后一吻。

最后的吻，比初吻更沉稳，但也更长久，更平淡，却也更温情。

巨大的火焰自周围呼啸涌来，欲将他们吞没。楚楚闭上双眼，紧紧抱着辛朗，心中却并不恐惧，只有尘埃落定的空寂。那是一种穿越情爱、看破生死的空茫寂灭。

就在火焰即将包裹他们的时候，一滴泪水，忽然如同倒灌的海水，从天空直直滴落，转瞬间将深深相拥的二人淹没。而火舌迅速席卷而来的一刹那，泪水迅速凝结成松脂状的透明膏体，于是，楚楚和辛朗，宛若镜框里的双生蝴蝶，又如同坠入黑洞视界的星辰，从此被封存在这枚如同松脂的泪水之中，回归了永恒。

世界，自此在火焰中化为灰烬。唯有我们，在泪水中获得永恒。

2

又下雪了。雪花飘荡着落在眉睫，又被热泪消融，眼前的城市景象因此变得疏离蒙昧。一截枯木横断于湖面。雪纷纷扬扬，愈来愈浓密。飞雪之中，身心俱静。

楚楚怀抱着厚厚的书稿，独自一人来到清冷萧条的湖边。她走到老树下，寻了一处空地，将怀中的书稿小心翼翼地放置在平地上。然后，一袭白衣的她蹲下身，从衣兜里取出一枚火机。一切准备妥当以后，她面对着空旷清寂的湖泊，拈起一张陈旧的稿纸，高高举到眼前。微暗的天光穿透单薄的纸页，纷飞的雪花濡湿了纸上细密清秀的字迹，楚楚凝神看着这一行行孤独的文字，仿佛看见自己过去的岁月。

人生苦短，悲智双运。

那是她生命中最混乱，也最为眷恋的岁月，从今往后都不会再有。

就如同她与辛朗之间严酷的恋爱，从此以后也不会再有重蹈覆辙的机会。行路难，不在水，不在山，只在人情反覆间。只是，生命中有些关卡障碍，过了就是过了，永无转圜之余地，也永无可能再回头。

这样想着，她在夜色之中用手指扣动了火机，火舌轻柔地卷起，舔舐脆弱的纸页。一张又一张，那些记录她心事的日记，那些见证她为爱欲激烈挣扎的字句，都在簇簇燃烧的火苗中化为一抔灰烬。

楚楚望着湖畔的火焰，微微出神。在辛朗身上辗转停留的这几年，近乎构成了她对青春的全部记忆。她心里知道，这样的恋爱伤筋动骨，唯有人年轻时能够承受，而他是宛如刺青一般的爱人，是她热烈动荡的青春的象征。他令她明白情爱的终极意义，在于彻底体会到众生皆苦。因此，她决定将他还给茫茫人海，而她从此也可以做回自己。事实上，人终究会做回自己，无论是否在此时，无论是否在此地。

但楚楚心底也明白，他是她此生唯一深爱过的人了。她再没力气像爱辛朗一样去爱上别人了。她将永远爱恋着他，但她不会再试图靠近他。她从此只是一颗星星，遥远地守望着他，直到缘分消耗殆尽。

“离你越远，我就越爱你。”[1]

寂静黑暗之中，火焰熊熊燃烧，白花花的纸页沾染着飞雪，栖落在跃动的橘红焰光之中，如同奔赴一场华丽的暮色

---

[1] 引自安德烈·纪德《窄门》

盛宴。

大厦将倾，命运覆落，香诺世界如同沙砾堆砌的宏伟城堡，在现实的摧折之下一触即溃。楚楚眼睁睁地看着自己一字一句写成的珍贵手稿，顷刻之间化为乌有，一时感到内心沉痛。在这如颗粒般浮凸起来的清晰痛楚中，她再度看到“楚楚”，看到香诺世界中的自己。

“楚楚”在烈烈燃烧的火海之中，与“辛朗”紧紧相拥，宛若双生，浑然天成。他们全然没有赴死的恐惧，而是沉醉在对彼此的依恋中，互相倾诉内心深沉痛楚的爱意。

这个世界无法完成的夙愿，最终借由她的笔触，在另一维度的世界中得到圆满，尽管，两个世界终究都落下遗憾。然而，欲望越是满足，越是走向空无，反倒是在遗憾之中，可以窥见那一丝深情。

楚楚内心震动，一瞬间明白香诺结局的意义。原来，是她亲手焚毁了最初的手稿，从而点燃了命运最后的火焰，将“楚楚”逼向了“逃狱”的末日穷途。

是她焚毁了香诺。

可是，若非如此，“楚楚”又怎能与他相知相爱呢？

一切都严丝密合地相互嵌套，世界仿佛是互为映照的解谜游戏。

楚楚后知后觉，但为时已晚，所有关于香诺的稿纸都在一念之间付之一炬，并最终归于尘埃。所有往事也从此尘归尘，土归土。天地万物，各行其道。

她痴痴地凝望着战栗的火光，在最后时刻情不自禁落下一滴眼泪。

晶莹的泪珠，穿透火焰，落在纸页上，染湿了文字，可转瞬之间，泪水和文字都被火焰湮没。

所有关于那位“楚楚”的记忆都与这燃尽的火焰一起，在纷飞落雪中猝然熄灭。黑暗之中，再没有神迹显现。于是，楚楚失魂落魄地捧起那温热的灰烬，缓缓地站起身，将它撒向了漆黑的湖面。灰烬很快与积雪融为一体，并随风远逝。

都结束了。

楚楚在湖边伫立了一会，任风雪将头发染成斑驳花白。待心情平复之后，她转过身，沿着草丛中的小径，朝湿地公园的出口处走去。路上行人寥寥，偶有车辆飞驰而过。昏黄路灯光笼罩下，楚楚独自一人穿行过漫漫长夜，如同过去无数次那样。人生，不过是场漫长而孤独的行走，只是有的人选择结伴而行，有的人只能一意孤行。

行至高架桥下的十字路口，红灯亮起，楚楚停住脚步。不知为何，望着眼前一闪而逝的车辆身影，感受冷风猛然刮过的切肤凛冽，楚楚突然有些恍惚，好像这一幕似曾相识。尽管她走过无数次夜路，但此刻，这种久违的熟悉之感还是令她的心底警铃大作——那是危险迫近的信号。夜色深浓，一阵寒冷的雪风迎面袭来，楚楚不禁将双手插进衣兜，但在手指触及空落落的口袋时，她却突然愣住了。

她的钥匙呢？

楚楚清楚地记得，自己出门时明明将钥匙放进了衣兜，如今怎么莫名其妙消失了？难道，她把钥匙弄丢了？

若是平常，这原本只是一件微不足道的小事，可是此刻楚楚却心生恐慌，仿佛第一次体会到恐惧倏然降临的滋味。漫天飞雪之中，车辆从眼前呼啸而过，刺眼的灯光晃得她睁不开眼，这场景像极了多年前在京郊的那个夜晚。同样猛烈的大风，同样明晃晃的灯光，同样可怕的车流。

此刻，她迫切地想要回家，可是她却把钥匙弄丢了。

这是否意味着，她回不去了？就如同那个被她烧毁的世界，不会死灰复燃，又如同那些流逝的青春岁月，永远无法重来。

她焦灼不安地在原地踱步，然而街角的红灯却像灵堂前的火焰一般长明不熄。她不知道自己究竟怎么了，但难以言喻的恐惧像湿冷的潮水细密地渗透进骨血，那一瞬，她只有一个念头，那就是赶紧回家。于是，在这突如其来的恐惧驱使之下，她瞄准车辆驶过的间隙，不顾一切地朝着路口对面冲去。

汽车尖锐的鸣笛声仿佛惨叫一般撕裂黑暗的天空，巨大的灯光转瞬之间将一切湮没。在那炽烈的灯光吞没她的时候，她恍惚生起一种错觉，好像这是昔日舞台的灯光，温暖地将黑暗中的她轻柔地裹住。而灯光深处，站着令她恋慕至深的那个人。

她突然热泪盈眶。

身体倒下的那一瞬，楚楚再次体会到如同坠入爱河一般失控的感觉。时间的流逝在那一刻趋近停滞，以至于她在倒地的前一刻，仿佛能穿透黑暗，望见生命中那一轮遥不可及的满月。

电光石火之间，记忆像是被擦亮的火柴，燃起清澈明亮的光焰。在死亡阴影覆盖京郊上空那轮圆月之时，那个用手捂住她的双眼、护住她的头部的男人身影，再度浮现在脑海里。

与此同时，她深爱的那个人也从灯光深处徐徐走来，于是，她清楚地在闪回的记忆中看见他们的面容。

那是同一张脸庞。

“这不可能……”她杏眼圆睁，内心震动，情不自禁地喃喃道。

也是在那一刻，她彻底意识到自己的记忆已经开始错乱，而无数回忆如同走马灯一般在眼前闪烁掠过。不知为何，她突然想起香诺世界的“楚楚”，并开始感到整个世界不再真实。她的人生，会否也是某个高维的神明编织的一场回忆？

楚楚颓然倒地。

汽车在她身前唰地停住，司机忙不迭地从车上跳下来，冲上前查看楚楚的伤势。其实楚楚并未被车撞到，她只是被恐惧攫取了理智，以至于在危险降临的那一刻，害怕地摔倒在地上，扭伤了脚踝。

司机不由得松了口气，骂骂咧咧道：“小姑娘，乱闯红灯，你不要命了吗？！”

但是楚楚仍旧躺在地上，挣扎着难以起身。她感到心脏狂烈地跳动，头也开始眩晕，最要命的是，她的意识因惊恐发作变得混乱，尽管她仍旧勉力维持着最后一丝清醒，但整个人已经开始胡言乱语。

司机见状，连忙蹲下身，将楚楚扶起来，焦急地询问她。然而楚楚的眼前已经蒙上一层混沌的黑影，她呼吸急促，心跳剧烈，身体渗出细密冷汗，整个人即将昏厥过去。

意识从体内流散逃逸的最后一刻，楚楚握紧陌生人的手腕，艰难却又坚定地吐出了一个名字。

"辛朗。"

她其实不曾意识到，她一直有着很严重的死亡焦虑。她以为自己遗忘了那个男人的脸庞，从此便可以若无其事地活下去，就好像一个人其实从未从生命中的那场大雨中走出来，但如今，是那场雨自己停了。命运百转千回，还是将她绕回了原点。

她也终于深深地理解了"楚楚"的痛苦，那是一种看见命运却徒劳无力的痛苦，而在濒临死亡的恐惧之中，她最终体会到爱的力量，并开始退行成孩童。可是她不愿自己作为正常人的意识就此沦丧，于是她努力保持清醒。尽管在被送往医院的途中一再昏睡过去，但她仍旧时不时颤抖着从光怪陆离的幻觉中惊醒。

她梦见香诺。

梦见她变成了"楚楚"。梦见她隔着人群看见辛朗的侧影，梦见她隔着车窗将硕大饱满的山桃递给他，梦见他遥望着瀑布下的她，梦见他们一前一后走在光线疏漏的蓊郁丛林中，梦见他在筵席之间英俊的身姿，梦见盛大烟花之下他亲吻她，梦见他与她在破败的牢狱之中欢爱，梦见他拉着她潜入清凉的水中，梦见他们奔跑着穿过玫瑰花田，梦见他和她在暮色般艳丽的火焰之中遁入永恒。

她在梦中重新演绎了“楚楚”完整的一生。

原来，她就是“楚楚”。

得失离散，周而复始。

何为真实，何为梦境，何为起点，何为终局。

何为命运，何为轮回。

楚楚就这样在反复的惊醒和沉睡之中奋力挣扎，直到耗尽最后一丝力气的刹那，她绝望地睁开眼，那一刻，辛朗熟悉的脸庞映入眼帘，她的眼泪瞬间决堤。所有拼命堆砌起来的意志都在看到辛朗的那一刻，彻底崩塌。在爱人面前，她终于失去全部力气，重新变回了孩子。

辛朗看上去很疲惫，他忧心忡忡地俯视着她，伸出手，小心翼翼地拨开她脸颊上被泪水沾湿的发丝。

楚楚艰难地伸出手臂，想要拥抱他。

近在咫尺的遥远。

这一次，辛朗没有回避和拒绝，而是俯下身，任由她的胳膊环绕住他修长的脖颈。两人静默地拥抱在一起。

楚楚含泪哽咽道：“对不起……我又让你担心了……”

“没有……”辛朗用宽大的手掌枕着她的后脑勺，垂下眼帘，温柔地低声说道。

可楚楚自顾自地喃喃道：“你很累了……是我让你这么累……对不起，都是我太任性……”

这一回，辛朗许久没有回答，他将头埋在她凌乱的长发间，静静地听着楚楚说话，眼神悲伤而落寞。

他已经不知道该怎么做了。他突然扪心自问，他爱她吗？

她就像奄奄一息的太阳，拥抱她，会灼伤自己，推开她，又害怕她从此陨落。

于是，他始终犹疑不决，可是他的优柔寡断，反而令她的病情严重到这个地步。从他无意间发现垃圾桶里那满满当当的药瓶的时候，他的心里就开始产生不好的预感。他一直紧握着药瓶，面色阴沉地坐在沙发上，想要等她回来，然后质问她为何不遵医嘱私自停药。可是她没有像往常一样回来。他等来的，是一通电话。

他承认，接到电话那一瞬，他的心悬空了。挂了电话后，他连外套都没来得及穿，就冲出了家门。他几乎失去理智一般，以最快的速度赶到医院，直到看见她安然无恙地躺在病床上，他悬着的一颗心才落下。紧绷的神经松懈的一刹那，整个人不禁瘫坐在医院走廊的长椅上，颓唐而狼狈。

是的，他很累了。现实的长途跋涉，以及爱情的周旋围困，都令他身心俱疲。其实她也很累了，甚至不仅仅是疲惫，而是在反复剧烈的情感消耗中，已经快要垮掉了。他突然感到歉疚，也很心疼。

所以，他爱她吗？

无言相拥的这一刻，一切似乎都已经有了答案。

只是，人可以爱一个人，但仍然选择和他告别。

过了许久，待楚楚情绪稍稍平复，辛朗轻轻松开楚楚的手臂，轻声说道：“好好休息，我会一直在这里陪你。”

“嗯。”楚楚乖乖地点头，仿佛吃了一颗定心丸，浑身放松下来，缠绕着辛朗的双臂也终于安心地缓缓落下。

由于楚楚的惊恐症仍旧时不时发作，医生便临时开了一些精神类药物，并叮嘱辛朗一定要监督楚楚按时服药。

辛朗扶起楚楚，用温水喂她服下药物，然后替她掖好被角，耐心地陪伴着她，直到她沉沉睡去。南方城市的冬天很少下雪，但这一年的深冬，大雪却连绵不歇。辛朗就这样寸步不离地守候在病床旁，凝望窗外纷纷的夜雪，直到清晨的第一缕曙光透过窗户照射进病房，他才终于熬不住，趴在楚楚身边，头枕着手臂，睡了过去。

过了许久，楚楚才从宁静深沉的睡梦中苏醒。她缓缓睁开眼，白色的天花板映入眼帘，纯白如茫茫雪地，她的眼神也和雪一样空灵纯净。她微微转头，视线下移，然后她看见身侧的辛朗。

他睡着了。病房如此安静，以至于她能听到他安稳而深沉的呼吸声，而他宁静的睡颜，是人世间的珍宝。楚楚情不自禁地伸出手，指尖微微颤抖着，缓缓地描摹过他英俊的眉宇。

无论是在梦中的香诺世界，还是在现实的这个世界，她都深爱着他。哪怕她在湖边烧掉所有的书稿，并且在心中立下离开他的誓言，上天都会以这一场疾病的方式，让她明白她永远无法割舍对他的爱。

她对他的爱，将她从濒死的恐惧中拉扯了回来。

他是她的劫难，也是她的救赎。

在医院做了全身检查之后，医生告知楚楚，她的左侧颅骨产生病变，需要做手术。楚楚心生疑惑，询问医生，病变是因何导致。

医生思忖片刻后，告诉她："左侧颅骨部位的这一块嗜酸性肉芽肿，不知是什么时候形成的，原因也不明，可能是撞击之后产生的炎症。你的头部以前受到过撞击吗？"

"撞击？"楚楚回想起那场车祸，她倒下的那一侧，好像正是左边，"以前有过磕碰……可是，平日里一点异常的感觉都没有。"

"你的这一块颅骨已经被它'吃'穿了。"医生用手指点了点电脑屏幕，看着楚楚说道，"总之，可以做手术将其切掉。"

"嗯。"楚楚点点头。

离开诊室前，她仿佛突然想起什么，回过头问医生："如果这一次我没有因为晕倒而做头部检查，是不是就发现不了病灶？"

"一般不太容易发现。"医生笑了笑，"所以得看运气。"

"我明白了。"楚楚突然有些领悟到上天的良苦用意。

命运是如此严丝密合，所以，她与辛朗相遇，再到后来创造香诺世界，最后因为停药导致的幻觉而崩溃，迄今为止所有因果，无一例外都指向过去，指向她自己。

在辛朗的监督下，楚楚每日按时服用药物，精神状态渐趋稳定，手术也因此排上日程。手术前夕，护士替楚楚剃去头部左侧的长发。剃完发后，楚楚戴着一顶毛茸茸的帽子，盘腿坐在病床上，看上去如女童般娇小。

她对辛朗讪讪一笑，不好意思地小声嗫嚅道："这下我变丑了，你别嫌弃……"

辛朗不知说些什么才好，无奈地一笑，温和地说道："不丑啊……"

楚楚嘟起嘴唇，怯生生地看了他一眼。柔和的灯光笼罩之下，辛朗的目光安静而深沉。他长久地注视着她，反倒令她觉得羞赧。于是，楚楚朝他吐了吐舌头，然后像孩子一样躲进被窝里，只露出一双乌黑明亮的眼睛，认真地看着辛朗。

"不许看我。"楚楚闷声闷气地说道。

"楚楚。"辛朗突然开口唤她名字。

"嗯?"楚楚像一只敏感的兔子，竖起了她的耳朵。

辛朗沉默了片刻，继续说道："等你做完手术后，我得回一趟北方老家，正好你也需要休息一段时日。"

"知道了。"楚楚眨了眨眼睛，问道，"那你什么时候回来呢?"

辛朗顿住，眼神游移了一瞬，然后说道："还不知道。"

"好吧。"楚楚噘了噘嘴，不情愿地默认同意。

"出院以后，你还写书吗?"辛朗突然问道。

楚楚一时愣住，不禁钻出了被窝，惊讶地看着辛朗。她从未料想到，辛朗有朝一日会关心她的写作。他为何冷不丁地冒出这个问题？他不是从来都对此不闻不问吗？

“啊……我也不知道……”楚楚心绪纷乱，支支吾吾道。

辛朗垂眼看向地面。他的眉睫很长，衬得俊秀的双眼更加深邃好看。

“香诺。”他翕合双唇，缓缓地说出这两个字。

这两个字仿佛咒语，令楚楚一下子警觉起来。片刻之间，她感到自己从头到脚都像是被浇了一盆冷水，浑身一个激灵。她难以置信地看着辛朗，一种难以言喻的复杂感受弥漫上心头。

“你……你读过我写的东西？”楚楚咽了咽唾沫，嗫嚅着问道。

辛朗抬起眼，漫不经心地答道：“当然。”

“你不是不爱看书吗？！”楚楚只感觉血液瞬间倒灌，也顾不上脚踝扭伤的疼痛，霍然从床上站起。

辛朗看着站在病床上、戴着卡通毛绒帽子的小个子女孩，不禁感到好气又好笑，他说道：“在你心里，我就只会唱歌和打游戏，是吗？”

“你……你居然看过……可是那本书写的是……”楚楚说不下去了，颓然瘫坐在床上，一时间羞愧得无地自容。

那本书里，讲的全是“楚楚”和“辛朗”的情爱啊。她原本以为辛朗从不会在意她的创作，没想到他竟然瞒着她，偷偷读了那本书。这实在太羞耻了。他会怎样看待她？一定会觉得她成天净幻想些肮脏不堪的事情吧。

楚楚不由得埋下头，抱紧双膝。这一刻，她真想赶紧从世上消失。

然而，辛朗却仿佛看穿了她隐秘的心思，开口说道："你没必要觉得羞耻，楚楚。事实上，你不好奇我读了以后，是什么反应？"

楚楚在心里喃喃自语：什么反应？总不至于是生理反应吧？但她没敢将这话说出口，若是说了，她都能想象辛朗的脸色会有多难看。

她不禁羞红着脸庞，怯怯探问道："你读了以后，是什么感受？"

"写得很好啊，你的文笔真的很绚烂。"辛朗诚恳地说道，"而且，令我没有想到的是……"停顿了片刻，他话锋一转，语气突然严肃深沉起来，只听得他一字一句说道，"你比我想象的要更爱我。"

楚楚一时顿住，内心震动。她尝试着开口，却发现自己此刻说不出话来。他没有对她压抑暗藏的爱欲嗤之以鼻，相反，他知道她对他的爱有多么浓烈。原来，他什么都知道。

眼前的景象突然变得模糊起来。泪水不知何时充盈了眼眶。

其实，只要他知道她爱着他，就够了。

辛朗站起身，缓缓走到她面前，将她低垂落泪的脸庞捧起，对她郑重说道："可是，我更希望你能爱你自己。你明白吗，楚楚？"

楚楚满脸泪花地仰视着他，逆光之下，他的脸庞沉浸在阴影之中，看不真切，但他的话却振聋发聩。

“可是我爱你胜过爱我自己……我没有办法控制我的爱……”楚楚失神地呢喃道。

“如果，我始终没有办法回应你呢？”

“我还是会一直爱你。我害怕把你弄丢了，也怕你丢下我，所以这几年我一直追随着你，像你的影子一样，不是吗？”她的语气听上去悲伤而恳切，然后她充满眷恋地抬起手，握住他的双手。

“对你来说，写这样一个故事，意味着什么呢？”辛朗的眼神黯淡下来，他轻轻皱着眉头，眼眉间仿佛落了一场安静的雪。

楚楚愣了愣，思忖片刻后，轻声说道：“文字会在世间留下痕迹，岁月也无法将其消磨，也许这意味着，我永远都不会忘记你。事实上，我们所做的事，所爱的人，我们这一生的经历，不都是为了回忆吗？而你是我记忆中难以割舍的一部分，记得你，我的人生才算完整。是你，书写了我的人生。”

辛朗轻不可闻地叹了口气，似乎拿她没有办法。他有些无奈地看着她，看了她许久，然后他开口说道：“楚楚，你可以爱我，也可以爱这世上任何一个人，但在你爱过的所有人当中，唯一不要弄丢的那个人，不是我，而是你自己。只有你在最深切的爱里仍记得自己，你对我的回忆，才会显现爱真正的意义。”

“而你，能答应我吗？”

楚楚一时怔住，心潮翻涌。冬日清冷的阳光透过玻璃窗，静静洒落在洁白的床畔。

终于，她强忍住泪水，嘴角牵出一丝苦涩而欣慰的笑容，然后她点了点头。

“我答应你。”

次日午后，手术顺利结束。楚楚被推出手术室时，头上裹着厚厚的纱布，嘴唇浅浅泛白，眉头微微蹙起，看上去仿若陶瓷一般脆弱而安静。麻醉药剂失效过后，她整个人躺在病床上辗转反侧，时不时地呕吐，剧烈而反复。辛朗小心翼翼地扶起她的身子，用垃圾桶帮她接住气味腥烈的呕吐物，又用温润的毛巾替她擦拭干净唇角的秽物，然后再将她轻轻放平在床榻上，替她一次次盖好被子。楚楚从未想过有朝一日会令辛朗目睹自己这般狼狈不堪的模样，她曾一度想要时时刻刻以美丽轻盈的姿态出现在他面前，却未能料到，从他们相遇至今，她似乎一直在出丑。

她撕心裂肺地呕吐着，伤口被牵动发出沉沉阵痛。楚楚忍受着头部欲裂的钝痛，含着泪眼看向轻抚她背部的辛朗，眼神隐痛，似有羞愧，又有歉疚，而更多的，是一种自我怨怼。辛朗低头看她，神色隐忍，目光晦暗而沉重，仿佛也在承受她所受之苦。

寂静的病房里，唯有时钟如同命运之轮一般悄然转动。楚楚呕吐不止，很快浑身开始控制不住地颤抖起来。她蜷缩在床上，裹紧被子，但仍旧喃喃道：“好冷……”

辛朗伸出手指触碰楚楚的额头，却触到她涔涔的冷汗，他一瞬间慌了神，连忙叫来医生。医生瞄了一眼瑟瑟发抖的楚楚，说道："她今晚应该会发烧，到时候会给她打针，等到明天应该就会好了。"

辛朗不由得松了口气。待到夜里，楚楚果然浑身滚热、高烧不退。她整个人缩在病床上，紧闭着双眼，神色痛苦。辛朗搬了一张椅子坐在她身旁，长久地凝视着她。那一刻，不知怎的，他回想起很久以前，他将楚楚送回酒店的那个夜晚，她也是这般安静地睡在床上。只是那个时候，他知道楚楚在偷偷看着坐在窗前的他，而他心知肚明却不作任何回应。那时，他没有看过她一眼。事实上，他很少长久地、认真地看过她。

在她最天真烂漫的年纪，他对她踮起脚尖摘取月亮的模样不屑一顾。当他终于想要看向她的时候，她却已经支离破碎快要凋零。人与人之间，无论相识多久，无论情谊多深，最是开初那段金不换，也许，他错过的，不只是她曾经美丽的容貌，而是那段永无可能重来的青春时光。

辛朗宛如一尊雕塑般沉浸在微暗的灯光光影里，神色不改，但内心触动。许久、许久之后，他终于朝熟睡的楚楚探过身。在他感受到楚楚温热的鼻息和滚烫的体温时，他恍惚感觉那一刻自己仿佛穿越了时间，重新回到那个灯火璀璨的夏夜，回到那个安静温馨的房间。在那里，他看见自己缓缓踱步向床畔，俯下身去，在楚楚额头上轻轻落下一吻，而她的眼里闪烁出欣喜而激动的泪光。因为他的爱，她整个人从此熠熠生辉，而不是如同今日这般晦暗无光。

但此刻的他，最终没有亲吻她。他只是伸出手，哀伤而眷恋地拂过她额前被汗水濡湿的凌乱碎发。

往事暗沉，不可追寻。

他很少回忆过去。他不喜欢怀旧所带来的感伤情绪，但如今在经历过动荡坎坷又相互扶持的四年以后，在骤然横亘的生死病痛面前，他却被翻涌的记忆裹挟，无法自拔地坠向了倒流的时间漩涡之中。

黑夜。教堂。飞雪。

原来，他始终无法忘怀那个大雪纷飞的告白之夜。

两年前的那个冬夜。遥远的北方城市。雪花纷纷扬扬。

那是真正的大雪，骤然降临，铺天盖地，声势浩大，雪白晶莹。

演出结束，已是午夜。走出音乐厅后，辛朗带楚楚去吃夜宵。两人在餐厅里相对而坐，点了烧烤和啤酒，一边吃饭一边观望窗外的落雪。饭后，楚楚提议散步回酒店，于是两人撑着伞，在夜雪中缓缓前进，一路行至索菲亚教堂。夜雪纷飞飘落，路灯光昏暗斑驳，呵气成冰的寒冷冬夜，他们在富丽恢宏的圆顶建筑前驻足停留。尽管已是深夜，人群依旧熙攘，然而冰天雪地里，这份热闹又显得孤独而萧条。不同于南方浓重的烟火气息，北方城市自带一种清冷疏离的空旷。

楚楚用拍立得相机给辛朗拍照。她镜头下的他，站在教堂门前，有微暗的灯光自头顶洒落，灯光映照下，飞雪清晰可见。他的头发、睫毛、鼻尖上都沾染了晶莹玲珑的雪花。

雪落悄然无声，他也静默伫立，于是楚楚拍下他英俊挺拔的侧影。相机吐出来的照片上，他宽阔的双肩覆满风雪。

楚楚掏出随身携带的钢笔，在照片背后写下一行清秀的字。

“各自奔赴世间的场，唯有雪落在先生肩上。”

随后，她将照片递给辛朗。辛朗接过，就着鹅黄色的灯光，在纷落的夜雪之中默读完那行字句，神色微微动容。

“楚楚。”他唤她的名字。

“嗯?”楚楚在飞扬的雪花中仰起稚气未脱的秀丽脸庞，认真地看向他。

“我们也拍一张照片吧。”辛朗忽然提议道。

楚楚愣了愣，旋即欣然答应。她忽然想起，迄今为止，她和辛朗连一张合照都没有。于是，她将相机交与一位路过的年轻女子，请她帮忙为自己和辛朗拍下一张照片。

那张照片上，辛朗和楚楚站在索菲亚教堂夜星般的穹顶之下，夜雪和凛风之中，他们并肩倚靠，衣袂翻飞。辛朗神情肃穆，眼神黑暗深邃，而楚楚面带笑意，目光明亮清澈。

往事如云飘逝，唯有影像将时间凝刻。那是他放在背包里的唯一一张合照。也许，那张照片也是他们今后为数不多的纪念。

那时他在想什么呢?他只记得，当看到那张照片时，恰有一束车辆灯光从背后照亮他们。褪色的痕迹依然在教堂四壁流淌遗存。在彼此相互深远的凝视之中，他忽然希望时间就此停滞。那时，楚楚已追逐跟随了他整整两年，而他没有给过她一句承诺。他原本以为他们会永远这样纠缠下去，可是当哈尔滨上空的夜雪如同泪滴将他笼罩时，他突然觉得长久以来的回避和逃离都没有意义。

又或者，是那一刻，楚楚沾染晶莹雪花的清冷眸光令他动容。于是，他慢慢走上前，给予了那个热烈恋慕他的女孩第一个长久而温情的拥抱。

他抱住她。她感到自己被他身躯的阴影覆盖吞没，然后自此心甘情愿沉沦。

那是一个洁白如雪的告白之夜。只是，那场告白无声而漫长。

也许，他和她就是从那一晚之后在一起的吧。命运之轮如同教堂的窗棂一般雕琢繁复，神明用细腻的笔触刻画他们宛若双生的轨迹。此后的两年时光，他们的足迹仿佛沿途花朵开遍国内的版图，花藤交织缠绵，浩浩荡荡朝着生命中那轮满月的方向野蛮生长。

他们经历无数次的离别，却也因此拥有无数次的重逢。

也许这一回，也会像过往无数次那样，彼此追逐，永不停歇。

他为何会突然心潮泛滥，回想起这些旧事？辛朗无法理解此刻的自己，但也不想再去追问。他只是静静地陪伴楚楚，直至她高烧减退，渐渐苏醒过来。

她醒来，宛如初生的婴孩，又仿佛雪花一触即溃。她看向昏黄灯光下的辛朗，神情哀伤，仿佛窥见他心底隐隐的泪光。

那一晚，他们依旧相对无言，但彼此已翻越生命中那道高高的山岭。他们没有说话，但这已经胜似一场热烈的告白。

在医院待了几日后，待身体稍稍恢复之后，楚楚便办理了出院手续，回到家帮辛朗收拾完行李，然后送他去机场。离别在即，一路上，两人都静默不语。

抵达机场后，辛朗接过楚楚手中的行李箱，转过头对楚楚说道："我走了以后，你一定要按时吃药，记住了吗？"

"知道了。"楚楚像个小孩子一样乖乖点头。

辛朗背对着她，朝前方迈出几步，然后又在人来人往之中突然顿住脚步。他回过头，再度深深地看了一眼楚楚。

"我走了，楚楚。"他说道。

不知为何，他的声音听上去平静，却又泛着苦涩。

楚楚怔了怔，抬起眼睫，忽然像是明白了什么。她睁大眼睛，看着近在咫尺的辛朗，心中升腾起一种预感，好像他从此与她相隔天涯。

她突然回想起，过去的这几年里，她所见证的与他无数次的重逢与别离。所以，这一次，也会是寻常吗？可是……

她喉头哽咽，勉强挤出一丝笑容，颤抖着说道："一路平安。"

"嗯。"辛朗回应道。

然后，他转过身，推着行李箱向安检口走去。

看着他离去，楚楚一瞬间有些失神，好像心脏刹那间被狠狠掏空，一阵强烈的痛楚迅速弥漫开来，几乎要将她的心撕裂。她伫立在原地，痴痴地望着辛朗远去的高大背影，如同过去无数次那样，长久地守望着他。泪水迷蒙之中，他的身影渐渐变得模糊，就快要消失不见。

“辛朗!”她心里慌乱，忽然开口呼喊他的名字。

他回过头，望向远处的她。

“你还会回来吗?”她红了眼眶，声音已经带着哭腔。

这一次，他没有回答，但神色动容。她看见他深深地垂下头，俯下身，用手捂住脸，双肩微微颤抖着。片刻后，他慢慢地站直身子，对她遥遥一笑，然后他坚定地转过身，背对着她抬起一只手，挥了挥，似乎示意她不必再相送，他不久后会再回来，又好像是在告诉她，他不会回来了，从今往后她一个人要好好的。

他挥了挥手，转瞬之间，便消失于茫茫人海，仿佛从未来过。

然而，然而。

“人生海海，只要我心里记得你，你就永远存在于我的生命里，而被你改变的那部分的我，代替了你，从此永远与我站在一起。”

楚楚依旧深情而眷恋地望着他离去的方向，许久，许久。直到辛朗乘坐的航班起飞，楚楚才转过身，失魂落魄地走出机场。

她站在机场外的空地上，迟迟不愿动身离去。迎面而来的寒风令她心头一震，她不禁抬起头，望向灰蒙蒙的冬日天空，内心空旷寥落。

一滴泪水从天空坠落，落入她的眼眶。正如她的眼泪穿透火焰落向香诺世界一般，这一滴泪水也径直穿透她的灵魂，抵达记忆最深处。

如同她创造“楚楚”一样，自己兴许也是某位神明落笔的遗憾吧。

神明啊，你又在回忆着谁。

书写我人生的你，此刻也在俯首落泪吧。

楚楚就这样怔怔地望着天空，任凭那滴泪水从眼角缓缓滑落。

www.ingramcontent.com/pod-product-compliance
Lightning Source LLC
Chambersburg PA
CBHW071152180726
48291CB00007B/2428

* 9 7 8 1 8 0 3 7 7 1 4 8 9 *